Keil | Willensfreiheit und Determinismus

Geert Keil

Willensfreiheit und Determinismus

Reclam

2., überarbeitete Auflage

RECLAMS UNIVERSAL-BIBLIOTHEK Nr. 19524
2009, 2018 Philipp Reclam jun. Verlag GmbH,
Siemensstraße 32, 71254 Ditzingen
info@reclam.de
Gestaltung: Cornelia Feyll, Friedrich Forssman
Druck und Bindung: Esser printSolutions GmbH,
Untere Sonnenstraße 5, 84030 Ergolding
Printed in Germany 2025
RECLAM, UNIVERSAL-BIBLIOTHEK und
RECLAMS UNIVERSAL-BIBLIOTHEK sind eingetragene Marken
der Philipp Reclam jun. GmbH & Co. KG, Stuttgart
ISBN 978-3-15-019524-6
reclam.de

Inhalt

Vorwort

Diese Einführung baut auf meiner zuerst 2007 im Verlag de Gruyter erschienenen Monografie *Willensfreiheit* auf. Ich danke dem De-Gruyter-Verlag für die freundliche Erlaubnis, Material aus jenem Buch erneut verwenden zu dürfen. Der hier vorliegende deutlich kompaktere Text richtet sich in erster Linie an Studierende, stellt aber auch in Rechnung, dass das Thema »Willensfreiheit und Determinismus« ein weit über die akademische Philosophie hinausreichendes Publikum anspricht.

Es gibt bekanntlich kein philosophisches Problem, so kompliziert es auch sein mag, das nicht, wenn man es nur richtig angeht, noch komplizierter würde. So verhält es sich auch mit dem Problem von Willensfreiheit und Determinismus. Auf den ersten Blick besteht es aus einer einfachen Entweder-oder-Frage: Ist der menschliche Wille frei oder ist er determiniert? Hält man sich an diese Frage, wäre bloß noch festzustellen, ob der Determinismus wahr ist, und das Freiheitsproblem wäre gelöst.

Ein solch direktes Vorgehen hat durchaus etwas für sich. Schließlich gibt es genügend philosophische Freiheitsbücher, die diejenigen Leser enttäuscht zurücklassen, denen die Frage »Freiheit oder Determinismus?« wirklich auf den Nägeln brennt. Anstelle einer Antwort erfährt der Leser, dass sich die Frage nicht beantworten lasse, dass sie naiv, veraltet oder falsch gestellt sei und dass es »das« Freiheitsproblem ohnehin nicht gebe. Von der akademischen Philosophie muss der enttäuschte Leser sich oft noch sagen lassen, er müsse sich eben abgewöhnen, die falschen Fragen zu stellen. Die Fachphilosophie erteilt solche Ratschläge allerdings nicht aus bösem Willen. Sie mutet dem Leser lediglich zu, was sie selbst hinter sich hat. Viele Philosophen haben das Studium ihres Faches mit brennenden, bisweilen existenziellen Fragen begonnen und haben dann die besagte Erfahrung gemacht: Je gründlicher man über ein Problem nachdenkt, desto komplizierter wird es. Das Freiheitsproblem ist ein klassisches Beispiel dafür. Man zieht erwartungsfroh aus, erhält keine einfachen Antworten und wird darüber kleinmütig.

Die Komplikationen bei der trügerisch einfachen Frage, ob der menschliche Wille frei oder determiniert sei, ergeben sich aus dem Umstand, dass die Frage offenlässt, was genau unter »Freiheit des Willens« und was unter »Determinismus« verstanden wird. Nimmt man diese Klärungsaufgabe in Angriff, so stellt sich schnell heraus, dass weitere Begriffsklärungen erforderlich sind: Versucht man genauer anzugeben, was Willensfreiheit ist, so stößt man auf Begriffe wie »Entscheidung«, »So-oder-anders-Können«, »alternative Möglichkeiten«, »Selbststeuerung« oder »Handeln aus einem Grund«. Die Präzisierung der Determinismusthese erfordert die Bestimmung des Sinns von »Kausalität«, »Naturgesetz«, »Notwendigkeit« und »Zufall«.

Die Schwierigkeiten erschöpfen sich aber nicht in der Klärungsbedürftigkeit von Begriffen. Hat man sich beispielsweise für eine Erläuterung der These des Determinismus entschieden und wendet sich der Frage zu, ob die These wahr ist, so stößt man bald auf die Schwierigkeit, dass sie nicht ohne Weiteres überprüfbar ist. Wenn die Determinismusthese weder beweis- noch widerlegbar sein sollte, kann man weiter fragen, ob es vielleicht vernünftig ist, die Wahrheit des Determinismus zu *unterstellen.* Viele Philosophen resignieren allerdings an dieser Stelle und lassen das Problem auf sich beruhen. Damit geben sie auch die Ausgangsfrage auf, ob der menschliche Wille frei oder determiniert sei, und ersetzen sie durch die neue Frage, ob Freiheit und Determinismus vereinbar sind oder nicht. Das *Vereinbarkeitsproblem* hat mittlerweile das traditionelle Freiheitsproblem aus der fachphilosophischen Diskussion weitgehend verdrängt. Und wenn die Vereinbarkeitsthese sich gut begründen lassen sollte, würde die Frage, ob wir in einer deterministischen Welt leben oder nicht, an Bedeutung verlieren.

Dieses Buch versucht, einen Mittelweg zu beschreiten: Geht man direkt auf die Frage zu, ob der Wille frei oder determiniert sei, so gelangt man nur zu oberflächlichen Antworten. Verfolgt man die philosophische Freiheitsdebatte durch alle Verästelungen und Komplikationen, so verliert man leicht die Fragen aus dem Auge, die man ursprünglich klären wollte. Diesem Buch liegt die Auffassung zugrunde, dass eine Klärung der »großen« Fragen trotz aller Komplikationen nicht aussichtslos ist. Ich werde das Terrain sondieren, einen Überblick über den Stand der Debatte geben, einschlägige Begriffe klären, die wichtigsten Argumente untersuchen – und am Ende auch prägnante Antworten auf die ursprünglichen Fragen vorschlagen.

Die Freiheitsdebatte: Begriffe, Probleme, Positionen

Es ist in der Philosophie der Gegenwart üblich geworden, das Problem von Willensfreiheit und Determinismus in zwei Teilprobleme aufzuspalten. Das *traditionelle Problem* lässt sich durch die Entweder-oder-Frage »Freiheit oder Determinismus?« ausdrücken. Diese Frage direkt beantworten heißt, entweder die Existenz der Willensfreiheit zu verteidigen und den Determinismus zu bestreiten oder umgekehrt. Dagegen betrifft das *Vereinbarkeitsproblem* die Frage, ob Freiheit und Determiniertheit einander ausschließen oder nicht. Dass sie es tun, ist eine stillschweigende Voraussetzung des traditionellen Freiheitsproblems. Wenn diese Voraussetzung irrig sein sollte, löst sich das traditionelle Problem auf, denn dann kann der menschliche Wille zugleich frei und determiniert sein. Die Lehre der Vereinbarkeit nennt man *Kompatibilismus*. Die Gegenposition, der *Inkompatibilismus*, tritt in zwei Varianten auf: Die *harten Deterministen* halten den Determinismus für wahr und bestreiten die Existenz der Willensfreiheit. Die *Libertarianer* oder *Libertarier* sehen es spiegelbildlich: Der Wille ist frei, der Determinismus ist falsch.

Diese drei Standardpositionen lassen sich in folgendes Schema eintragen:

Der Wille ist	frei	unfrei
determiniert	Kompatibilismus (weicher Determinismus)	Inkompatibilismus I (harter Determinismus)
nicht determiniert	Inkompatibilismus II (Libertarismus)	

Im Lager des Kompatibilismus gibt es noch eine wichtige Differenzierung, die in diesem Schema nicht zum Ausdruck kommt: Klassische Kompatibilisten halten den Determinismus für wahr oder meinen sogar, dass Freiheit die Wahrheit des Determinismus *erfordert* (David Hume, Moritz Schlick, R. E. Hobart). Diese Position kann man auch als *deterministischen Kompatibilismus* bezeichnen. Andere Kompatibilisten dagegen bleiben bezüglich des Determinismus indifferent, da sie die Frage nach dessen Wahrheit schlicht für irrelevant halten: Wohlverstandene Freiheit sei unabhängig davon, ob unsere Welt deterministisch ist oder nicht. Diese Position, prominent vertreten durch Peter Strawson, kann man *agnostischen* oder *Zwei-Wege-Kompatibilismus* nennen.

Eine Reihe von Minderheitenpositionen werden im Schema nicht erfasst:

- Nach der in jüngerer Zeit vertretenen *freiheitsskeptischen* Auffassung existiert Willensfreiheit weder in einer deterministischen noch in einer indeterministischen Welt. Diese Auffassung geht noch über den harten Determinismus hinaus: Für die Willensfreiheit wäre auch dann nichts gewonnen, wenn der Determinismus falsch wäre. Man nennt diese Position auch *harten Inkompatibilismus*.

- Der *epistemische Indeterminismus* argumentiert, dass Freiheit die Nichtvoraussagbarkeit der eigenen Entscheidungen aus der Perspektive der ersten Person erfordert, nicht hingegen deren objektive Indeterminiertheit.
- Der *Semikompatibilismus* ist eine Position, die durch das eminente Interesse an Fragen der moralischen Zurechnung und strafrechtlichen Verantwortung motiviert ist. Semikompatibilisten behaupten nur die Vereinbarkeit von Determinismus und moralischer Verantwortlichkeit, nicht jedoch die von Determinismus und Willensfreiheit.

Das Schema weist neben seiner Unvollständigkeit noch eine andere Schwäche auf: Es erweckt den Eindruck, die Kompatibilisten hielten genau dieselben Phänomene für vereinbar, die die Inkompatibilisten für unvereinbar hielten. Dieser Eindruck ist trügerisch, denn beide Lager legen typischerweise nicht denselben Freiheitsbegriff zugrunde. Inkompatibilisten operieren mit einem stärkeren Freiheitsbegriff als Kompatibilisten. Im Zentrum der inkompatibilistisch verstandenen Willensfreiheit steht das Vermögen, sich unter gegebenen Bedingungen so oder anders zu entscheiden. Demgegenüber sprechen Kompatibilisten schon von Freiheit, wenn eine Entscheidung ohne äußeren Zwang zustande kommt. Die Art von Freiheit, die Kompatibilisten für mit dem Determinismus vereinbar halten, ist nicht das libertarische So-oder-anders-Können unter gegebenen Umständen. Die Vereinbarkeits- und die Unvereinbarkeitsbehauptung beider Lager gelten also nicht für dieselben Phänomene.

Dieser Umstand spricht dafür, vom traditionellen Problem und dem Vereinbarkeitsproblem noch eine dritte Frage zu unterscheiden: Was zwischen Kompatibilisten und Inkompatibilisten vor allem umstritten ist, ist nicht die Vereinbarkeit als solche, sondern zunächst die Frage, *welche Art von Freiheit* auf ihre Vereinbarkeit mit dem Determinismus zu prüfen ist. Die »starke«, libertarische Freiheit passt auch nach Auffassung der meisten Kompatibilisten nicht in eine deterministische Welt. Dies ist aber nach ihrer Auffassung kein Verlust, da diese Art von Freiheit illusionär und nicht einmal erstrebenswert sei.

Noch seltener wird bemerkt, dass es auch im Verständnis der Determinismusannahme gravierende Unterschiede gibt. So vertreten als »klassische Kompatibilisten« bezeichnete Philosophen wie John Locke, David Hume und John Stuart Mill einen *psychologischen* Determinismus, der schwächer ist als der moderne physikalische Determinismus, welcher eine alternativlose Festlegung des Weltlaufs durch Naturgesetze behauptet. Es liegt auf der Hand, dass die Vereinbarkeitsthese umso plausibler ist, je schwächer die zugrunde gelegten Begriffe der Freiheit und des Determiniertseins sind. Die übliche Gliederung der Debatte in kompatibilistische und inkompatibilistische Theorien ist also sachlich problematisch. Gleichwohl halte ich in dieser Einführung aus Gründen der Tradition und der Darstellungsökonomie an ihr fest.

Die traditionelle Frage »Freiheit oder Determinismus?« ist in der Philosophie der Gegenwart sehr unpopulär. Die Freiheitsdebatte kreist, wie bereits erwähnt, schon seit einigen Jahrzehnten um das Vereinbarkeitsproblem, welches das traditionelle Problem aus der fachphilosophischen Diskussion weitgehend verdrängt hat. Sich auf die Frage zu beschränken, ob der Determinismus mit der Freiheit vereinbar ist oder nicht, und offenzulassen, ob der Determinismus material wahr ist, erscheint vielen Philosophen attraktiv. Agnostische Kompatibilisten argumentieren, dass wir mit einem Freiheitsbegriff, der mit dem Determinismus vereinbar ist, auf der sicheren Seite seien. Selbst wenn der Determinismus sich als wahr herausstellen sollte – und darüber habe nicht die Philosophie zu entscheiden, sondern die Physik –, müssten wir unsere Auffassungen über die Freiheit nicht ändern. Willensfreiheit und insbesondere moralische Verantwortlichkeit sollten, mit einem Wort von John Martin Fischer, nicht an einem seidenen Faden hängen, nämlich an der möglichen wissenschaftlichen Entdeckung, dass der Determinismus wahr ist.[1]

Diese Argumentation ist jedoch in mehrerlei Hinsicht verfehlt. Zum einen ist sehr zweifelhaft, ob die Frage nach der Wahrheit des Determinismus eine physikalische Frage ist. Es dürfte sich um eine *metaphysische* Frage handeln, die sich der experimentellen Überprüfung entzieht, auch wenn ihre Behandlung physikalisches Wissen erfordert. Metaphysische Fragen lassen sich nicht empirisch entscheiden, aber einige von ihnen könnten sich *unter Zuhilfenahme empirischen Wissens vernünftig* entscheiden lassen – das ist ein subtiler Unterschied, der leicht übersehen wird.

Die zweite Fehlannahme der besagten kompatibilistischen Argumentation ist, dass wir unsere Freiheit vor Widerlegung geschützt haben, wenn wir sie nicht zu anspruchsvoll verstehen. Der Faden, an dem die Freiheit hängt, mag stärker sein als gemeinhin angenommen, aber wir können seine Stärke nicht nach Belieben festlegen.

Welche Art von Freiheit wir tatsächlich besitzen, hängt davon ab, wie wir und die Welt beschaffen sind, nicht davon, mit welcher *Doktrin* die Willensfreiheit vereinbar ist. Und überhaupt: Sollte eine Diskussion des Vereinbarkeitsproblems wirklich darauf abstellen, auf der sicheren Seite zu bleiben? Sollte die Philosophie nicht eher im Verbund mit den anderen Wissenschaften herauszubekommen versuchen, wie es um die Willensfreiheit wirklich bestellt ist?

Weiterhin ist der Platz auf der sicheren Seite außerordentlich knapp. Als größtes Problem des Libertarismus wird in der Regel der *Zufallseinwand* angesehen, dem zufolge in einer indeterministischen Welt der Ausgang einer Entscheidung bloß vom Zufall abhängt, also nicht der Kontrolle des Akteurs unterliegt (s. S. 104–112). Nun befindet sich aber die am häufigsten vertretene kompatibilistische Position, der agnostische oder Zweifach-Kompatibilismus, angesichts des Zufallsproblems gerade nicht auf der sicheren Seite, sondern mit dem Libertarismus im selben Boot. Der Zweifach-Kompatibilist muss nicht nur die Vereinbarkeit der Freiheit mit dem Determinismus erweisen, sondern er muss wie der Libertarier erklären, wie Entscheidungen aus Gründen geschehen und dem Akteur zurechenbar sein können, wenn sie nicht deterministisch vom Ausgang seiner Überlegung abhängen.

Es gibt in der neueren philosophischen Freiheitsdebatte bemerkenswert wenig Diskussion über den genauen Sinn der Determinismusthese und noch weniger über die Frage ihrer Wahrheit. Viele Autoren, beispielsweise Peter Bieri, begnügen sich mit einem vagen Vorverständnis von »naturgesetzlicher Determination« und »kausaler Bedingtheit« und halten die »Details« für nicht weiter von Belang.[2]

Diese Nonchalance wird verständlich, wenn man in Rechnung stellt, dass die meisten Teilnehmer der Debatte agnostische Kompatibilisten sind. Eine Präzisierung der Determinismusthese scheint in der Tat entbehrlich, wenn man die Frage nach der Wahrheit des Determinismus als für die Willensfreiheit irrelevant ansieht. Der deterministische Kompatibilist hingegen, für den die Freiheit den Determinismus erfordert, sollte sich durchaus für den genauen Sinn der Determinismusthese interessieren. Erst recht gilt dies für den Inkompatibilisten.

Agnostische Kompatibilisten verbinden oft ein vages Vorverständnis von Determinismus mit einer naturalistischen Grundorientierung: Es gehe überall in der Welt mit rechten Dingen zu, es gebe keine Wunder, Menschen hätten nicht die Fähigkeit, Naturgesetze abzuändern, der cartesianische Dualismus sei unhaltbar und das Nähere klärten die Naturwissenschaften. Dieser naturalistische Grundkonsens müsste doch genügen, um den Kompatibilismus zu motivieren. Er genügt aber nicht. Ob wir die Freiheit kompatibilistisch oder inkompatibilistisch auffassen sollten, hängt davon ab, *womit genau* sie vereinbar oder nicht vereinbar sein soll: Damit, dass alles in der Welt mit rechten Dingen zugeht? Damit, dass die Körperwelt kausal geschlossen ist? Dass Personen und ihre Handlungen Teil der natürlichen Welt sind? Dass das Kausalprinzip ausnahmslos gilt? Dass es neuronale Determinanten des Verhaltens gibt? Dass der Weltlauf Naturgesetzen unterliegt, die wir nicht abändern können? Dass diese Naturgesetze gemeinsam mit Anfangsbedingungen den Weltlauf alternativlos festlegen? Dies sind viele Möglichkeiten, die mehrheitlich nur eine lose Verbindung zum Determinismus haben. Und die Antwort auf die Vereinbarkeitsfrage muss nicht in jedem Fall gleich ausfallen.

Der neurowissenschaftlich inspirierte Teil der Freiheitsdebatte krankt ebenfalls daran, dass der genaue Sinn von Behauptungen wie »Verhalten ist neuronal determiniert« oder »Das Gehirn ist ein deterministisches System« selten näher geklärt wird. Auch dort begnügt man sich mit einem vagen Vorverständnis von Determiniertheit oder neuronaler Bedingtheit und hält es für ausgemacht, dass das zentrale Merkmal des starken Freiheitsbegriffs – das Anderskönnen unter gegebenen Bedingungen – sich damit erledige. Ob dies tatsächlich der Fall ist, ist aber alles andere als klar. Möglicherweise ist diejenige Art von Determiniertheit, die mit der Freiheitsannahme im Konflikt liegt, eine sehr spezielle, sodass der genaue Sinn der Determinismusthese sehr wohl eine Rolle spielt.

Um diesen Sinn zu klären, muss man sich mit den Begriffen des Naturgesetzes, der Kausalität und der Notwendigkeit beschäftigen. Die entsprechenden wissenschaftstheoretischen Diskussionen finden jedoch in der Gegenwartsphilosophie meist außerhalb der Freiheitsdebatte statt. Dagegen enthält diese Einführung ein eigenes Kapitel zum Determinismus. Dafür spricht, um es zu wiederholen, dass immerhin drei der Standardpositionen – nämlich Libertarismus, harter Determinismus und deterministischer Kompatibilismus – auf eine Klärung der Determinismusthese angewiesen sind. In erster Annäherung besagt die These des universalen Determinismus, dass der gesamte Weltlauf durch Anfangsbedingungen und Naturgesetze ein für alle Mal fixiert, also alternativlos festgelegt wird. Was genau das bedeutet, bedarf der Klärung.

Ich werde in diesem Buch die These vertreten, dass es sich bei der libertarischen Freiheitsauffassung nicht eigentlich um einen philosophischen Ismus handelt, sondern um eine gewöhnliche Auffassung des gesunden Menschenverstandes, die die meisten von uns teilen. Die meisten Nichtphilosophen, die zum ersten Mal von der Auffassung hören, dass der Wille zugleich frei und streng determiniert sei, halten dies für absurd. Kompatibilismus ist eine typische Philosophentheorie und dasselbe gilt für den Determinismus. Niemand, der nicht davon in Büchern gelesen hätte, würde den universalen Determinismus für wahr halten. Niemand käme auf den Gedanken, dass seit Menschengedenken und darüber hinaus feststeht, wie viele Sekunden er in der nächsten Nacht schlafen wird oder welchen Wortlaut die Titelseite der *Süddeutschen Zeitung* vom 13. Mai 2024 haben wird. Dass niemand im »wirklichen Leben« an den Determinismus glaubt, ist natürlich kein besonders starkes Argument. Unbefangene Alltagsmeinungen sind häufig wahr, manchmal aber auch falsch. Der Determinismus könnte trotz seiner Unplausibilität wahr sein.

Die Intuition gegen den Kompatibilismus ist ebenso einfach und naheliegend wie die gegen den Determinismus. Wenn der universale Determinismus wahr wäre, wäre der Weltlauf ein für alle Mal festgelegt. Es gäbe an jedem Punkt nur eine einzige Möglichkeit des weiteren Verlaufs. Wie sollte es in einer solchen Welt etwas für uns zu entscheiden geben? Das Vermögen, sich so oder anders zu entscheiden, wäre eine Selbsttäuschung, die entsprechenden Redeweisen bloße *Façons de parler*. Die Zukunft wäre kein offener Raum von Möglichkeiten, sondern durch vergangene Zustände und Naturgesetze alternativlos determiniert.

Die vorphilosophischen Intuitionen zugunsten des Indeterminismus und des Inkompatibilismus treten noch deutlicher hervor, wenn man berücksichtigt, wie wir gewöhnlich über Handlungen sprechen. Wenn wir zu anderen oder zu uns selbst sagen: »Das hättest du nicht tun sollen«, dann unterstellen wir, dass dies auch möglich gewesen wäre. Aus dem Sollen *folgt* vielleicht nicht das Können, aber ohne das Können sind solche Vorhaltungen unsinnig. Wenn die Person in der gegebenen Situation nicht hätte anders handeln können, scheint jeder Vorwurf gegenstandslos zu sein.

Verschiedene Philosophen, unter ihnen Aristoteles und Kant, waren der Auffassung, dass das Merkmal des So-oder-anders-Könnens schon in den Handlungsbegriff eingebaut ist. Man kann das technisch so ausdrücken, dass Anderskönnen und Unterlassbarkeit *analytische Komponenten* des Handlungsbegriffs sind. Aristoteles sagt in diesem Sinne: »Wo das Tun in unserer Gewalt ist, da ist es auch das Unterlassen.«[3] Kant sekundiert, dass »die Handlung sowohl als ihr Gegentheil in dem Augenblicke des Geschehens in der Gewalt des Subjects sein«[4] muss. Entsprechendes wird in der analytischen Handlungstheorie des 20. Jahrhunderts behauptet. Dass dort nicht mehr unablässig von Willensfreiheit und Determinismus die Rede ist, erklärt sich der finnische Philosoph Georg Henrik von Wright so, dass unsere gewöhnliche Rede über Handlungen das Freiheitsmerkmal des Anderskönnens schon einschließe.[5] Wenn Aristoteles, Kant und von Wright recht haben, dann implizieren bereits unsere gewöhnlichen Handlungsbeschreibungen eine starke Freiheitsannahme, nämlich das Vermögen des So-oder-anders-Könnens. Es gehört dann zum *Be-*

griff des Handelns, dass Akteure das Vermögen haben, sich in einer gegebenen Situation für oder gegen die Handlung zu entscheiden. Begriffliche Implikationen wären freilich kein regelrechter Freiheitsbeweis, aber sie verschöben immerhin die Beweislast zuungunsten des Freiheitsskeptikers. Er müsste dann erklären, wie es zu einer derart tiefsitzenden, in unsere gewöhnliche Zuschreibungspraxis eingebauten Annahme kommen konnte, die gleichwohl eine systematische Täuschung sein soll.

Ob unsere gewöhnliche Rede über Handlungen und Entscheidungen das So-oder-anders-Können impliziert, ist aber gerade umstritten. Viele Kompatibilisten argumentieren, dass das Anderskönnen unter identischen Umständen das wundersame Vermögen erfordern würde, Naturgesetze oder die Vergangenheit zu ändern. Diese Behauptung wird zu prüfen sein; vorerst habe ich nur die begriffliche These referiert, dass So-oder-anders-Können keinen »starken« Freiheitsbegriff ausdrücke, sondern nichts anderes bedeute, als überhaupt handeln zu können. Die Alternative dazu ist die Behauptung, dass wir in jedem Augenblick immer nur etwas naturgesetzlich Vorausbestimmtes tun können. *Das* ist in der Tat eine starke These.

Aufgabe der Philosophie in der Freiheitsdebatte kann es nicht sein, die libertarische Imprägnierung unserer gewöhnlichen Rede über Handlungen und Entscheidungen wegzuinterpretieren. Ebenso wenig ist es aber die Aufgabe der Philosophie, einem begrifflichen oder psychologischen Befund die Weihen metaphysischer Notwendigkeit zu verleihen. Vielmehr sollten wir uns folgende Frage vorlegen: *Steht irgendetwas, was wir wissenschaftlich oder philosophisch wissen, dieser Freiheitsunterstellung entgegen?* Natürlich steht ihr, wenn der Inkompatibilismus recht hat, die *Doktrin* des Determinismus entgegen. Die Frage ist aber, ob ihr auch *Tatsachen* entgegenstehen, empirische oder begriffliche.

Dass wir im Alltag zum Nichtdeterminismus und zum Inkompatibilismus neigen, steht im scharfen Kontrast zu der Tatsache, dass die libertarische Freiheitsauffassung in der Gegenwartsphilosophie die Auffassung einer Minderheit ist. Einigen neurowissenschaftlichen Freiheitsskeptikern gilt der Libertarismus gar als exotische Auffassung unbelehrbarer Dualisten, die mit einem naturwissenschaftlichen Weltbild unverträglich ist. Auch im deutschen Sprachraum stellen die Kompatibilisten die erdrückende Mehrheit (unter anderem Ansgar Beckermann, Peter Bieri, Jürgen Habermas, Achim Lohmar, Michael Pauen, Ernst Tugendhat, Henrik Walter, Marcus Willaschek).

Diese Konstellation ist erklärungsbedürftig. In der Tat stehen den oben genannten libertarischen Intuitionen andere gegenüber, die ebenfalls plausibel scheinen. Diese Gegenposition ist um die Überzeugung zentriert, dass die libertarische Freiheitsauffassung mit einem naturwissenschaftlichen Weltbild unverträglich sei. Sie lässt sich durch folgende Thesen skizzieren:

- Alles in der Welt geht mit rechten Dingen zu. Niemand kann Naturgesetze abändern, es gibt keine Wunder, keine übernatürlichen Eingriffe, keine immateriellen Seelensubstanzen, die in die Körperwelt hineinwirken.
- Die Körperwelt ist kausal geschlossen, jedes Ereignis hat physische Ursachen, auch wenn wir diese nicht immer kennen.

- Neben der Kausalität zwischen Ereignissen gibt es keine zweite Art von Kausalität.
- Selbst wenn die Wissenschaft den Determinismus nicht beweisen kann, ist doch die ausnahmslose Geltung des Kausalprinzips eine unerlässliche Voraussetzung wissenschaftlicher Forschung.
- Insbesondere ist nicht zu verstehen, wie es ein Anderskönnen unter identischen Umständen geben können soll. Dass jemand unter exakt denselben Umständen, also doch wohl aufgrund exakt derselben Überlegung, auch das Gegenteil dessen hätte tun können, was er tatsächlich getan hat, widerspricht nicht nur dem Determinismus, sondern würde Handlungen und Entscheidungen unerklärlich und irrational machen.

Diese Liste enthält gewichtige Einwände gegen den Libertarismus. Die Einwände machen allerdings die zuvor angeführten Intuitionen nicht gegenstandslos, sondern stellen ihnen andere gegenüber. Damit liegt eine Konstellation vor, die für philosophische Probleme typisch ist: Es gibt eine Reihe von plausiblen vortheoretischen Auffassungen über eine Sache, die einander zu widersprechen scheinen. Eine philosophische Problemanalyse hat dann die Aufgabe, diese Vormeinungen zu sortieren, zu präzisieren und von irreführenden oder missverständlichen Anteilen zu befreien – in der Hoffnung, dass die Widersprüche sich als scheinbare erweisen und eine konsistente Gesamtdarstellung möglich ist.

Was ist Willensfreiheit?

Während die Freiheit in aller Munde ist, ist »Willensfreiheit« ein philosophischer Fachausdruck geblieben, für den es im Alltag keine rechte Verwendung gibt. Wo ohne weiteren Zusatz von Freiheit die Rede ist, sind fast immer politische Freiheiten gemeint. Das gilt für den Schlachtruf der Französischen Revolution, »Freiheit, Gleichheit, Brüderlichkeit«, für Rousseaus »Der Mensch ist frei geboren, und überall liegt er in Ketten« und für politische Slogans wie »Keine Freiheit den Feinden der Freiheit« oder »Die Freiheit stirbt zentimeterweise«.

In vielen Kontexten heißt »frei« so viel wie »ungehindert«. Der Begriff des Ungehindertseins ist so allgemein, dass er auch die politische Freiheit, das freie Spiel der Marktkräfte und den freien Fall eines Steines umfasst. Danach trennen sich die Wege der verschiedenen Freiheitsarten. Um die verschiedenen Arten und vielleicht auch Begriffe der Freiheit zu sortieren, empfiehlt es sich zu fragen, *wer oder was* jeweils frei genannt wird, *wovon* jemand frei ist und *wozu*.

Wer oder was ist frei? Im Falle der Willensfreiheit wird der Wille eines Menschen »frei« genannt. Alternativ und vielleicht angemessener lässt sich der Mensch selbst als Wollender oder in seinem Wollen »frei« nennen. Wovon ist der Mensch frei und wozu? Diese Doppelfrage verweist auf die Unterscheidung zwischen negativer und positiver Freiheit. Als negative Freiheit wird die Freiheit *von* etwas bezeichnet. Straffreiheit, Steuerfreiheit, Sorgenfreiheit oder Schmerzfreiheit sind negative Freiheiten. Positive Freiheit ist die Freiheit *zu* etwas. Politische Freiheiten wie

Reisefreiheit, Niederlassungsfreiheit, Versammlungsfreiheit und Redefreiheit sind Beispiele dafür. Auf den zweiten Blick ist der Unterschied weniger klar, als die Redeweise mit »von« und »zu« nahelegt. Ist die Pressefreiheit die Freiheit, zu drucken, was man will, oder die Freiheit von Zensur? Offenbar drückt der Unterschied der Präpositionen eher eine Perspektivendifferenz aus als zwei wohlunterschiedene Arten von Freiheit. An einer Handlung lassen sich sowohl ihr Ziel und die ausgeübte Fähigkeit als auch die abwesende Hinderung hervorheben.

In der Philosophie wird die Willensfreiheit häufig von der Handlungsfreiheit unterschieden. Letztere wird als die Freiheit bestimmt, das zu tun oder zu lassen, was man will. Handlungsfreiheit besitzt man, wenn man nicht durch äußeren Zwang daran gehindert wird, seinen Willen in die Tat umzusetzen. Die politischen oder bürgerlichen Freiheiten wie Pressefreiheit und Reisefreiheit sind Unterarten der Handlungsfreiheit. Willensfreiheit ist etwas anderes. Während unsere Handlungsfreiheit durch die jeweiligen tatsächlichen Optionen begrenzt ist, scheint dies für die Willensfreiheit nicht zu gelten. Wer eingesperrt ist, kann viele Dinge nicht tun, die er gern tun würde, aber er verliert dadurch nicht das Vermögen, sich seinen Willen zu bilden. Ebenso wenig verliert er dieses Vermögen, wenn er sich über das Ausmaß seiner Handlungsoptionen täuscht. Jemand könnte, so ein Beispiel von John Locke, in seinem Zimmer sitzen und sich dazu entschließen, den Raum durch die Tür zu verlassen. Dass die Tür ohne sein Wissen verschlossen wurde, beeinträchtigt seine Bewegungsfreiheit, nicht aber seine Willensfreiheit.

Aber was genau ist Willensfreiheit? Der Sinn der Frage, ob der Wille frei sei, versteht sich nicht von selbst. Wenn Handlungsfreiheit die Freiheit ist, zu tun, was man will, könnte Willensfreiheit analog die Freiheit sein, zu wollen, was man will. Willensfreiheit zu besitzen müsste dann die Fähigkeit einschließen, etwas anderes zu wollen, als man tatsächlich will. Es ist jedoch, wie Ernst Tugendhat eingewandt hat, »nicht ohne weiteres klar, was mit dieser Frage, ob man auch anders hätte wollen können, eigentlich gemeint ist«[6]. Ist gemeint, dass man sich aussuchen kann, was man will, dass man also aktuell auch etwas anderes wollen könnte, als man tatsächlich gerade will? Ein solcher Begriff der Willensfreiheit ist von vielen Philosophen kritisiert worden. Nach Arthur Schopenhauer kann der Mensch tun, was er will, nicht aber wollen, was er will.[7] Gottfried Wilhelm Leibniz führt an, der Wille könne sich nur auf das Handeln richten, nicht auf das Wollen, denn »sonst könnte man auch sagen, wir wollen den Willen haben, zu wollen, und das würde ins Endlose fortgehen«[8]. Thomas Hobbes, John Locke und Bertrand Russell haben ähnlich argumentiert.

Weniger merkwürdig als die Frage, ob man wollen kann, was man will, klingt die Frage, ob wir frei *wählen* oder frei *entscheiden* können. »Willensfreiheit« wird in der Philosophie oft gleichbedeutend mit »Entscheidungsfreiheit« oder »Wahlfreiheit« (*freedom of choice*) gebraucht. Offenbar geht es bei der Freiheit des Willens nicht um das Zustandekommen einer ersten Neigung oder Regung, sondern um eine spätere Phase. Entscheidungen stehen am Ende eines Willensbildungsprozesses, nicht am Anfang. Sinnvoll verstanden erfordert Willensfreiheit *nicht* die Fähigkeit, seine gegenwärtigen tatsächlichen Wünsche, Neigungen oder

Vorlieben anders sein zu lassen, als sie nun einmal sind. Das kann schon deshalb niemand, weil niemand Aktuelles anders sein lassen kann, als es ist. Unsere Fähigkeiten richten sich immer auf die Zukunft, nicht auf Vergangenes und genau genommen auch nicht auf Gegenwärtiges. (Bei näherer Betrachtung zerfällt ja jede vermeintlich gegenwärtige Zeitspanne in bereits vergangene und zukünftige Teile.)

Viele unserer Neigungen und Wünsche haben wir uns nicht selbst ausgesucht. Es wäre töricht, dies zu leugnen. Bei der Willensfreiheit muss es um die Frage gehen, was mit Wünschen und Neigungen, die wir in uns vorfinden, weiter geschieht. Wie wird aus ihnen eine Entscheidung und schließlich eine Handlung? Setzen sich Wünsche und Neigungen gleichsam automatisch in Handlungen um oder haben wir das Vermögen, innezuhalten, sie zu prüfen und unser Wollen gegebenenfalls in eine andere Richtung zu lenken? Bilden *wir* aus dunklen Ursprüngen eine handlungswirksame Absicht oder stoßen uns Absichten und Entscheidungen einfach zu, so wie die ersten Neigungen und Wünsche uns zustoßen? René Descartes und John Locke haben in der Fähigkeit, innezuhalten und die eigenen Wünsche noch einmal zu prüfen, den wesentlichen Zug der menschlichen Willensfreiheit gesehen. Dabei ist nicht die Fähigkeit gemeint, das aktuell *nicht* Gewollte handlungswirksam zu machen, also wider seinen Willen zu handeln. Gemeint ist vielmehr die Fähigkeit, eine gegebene Motivlage *nicht* unmittelbar handlungswirksam werden zu lassen. Wenn der Mensch einen freien Willen besitzt, setzt er vorhandene Wünsche oder Antriebe nicht natur- oder vernunftnotwendig in die Tat um, sondern bleibt weiteren vernünftigen Gründen zugänglich. Er hat die Fähigkeit, weiterzuüberlegen und sich gegebenenfalls anders zu entscheiden, als es seinem ersten Impuls entsprochen hätte. Es spricht einiges dafür, die Frage nach der Natur dieses Vermögens des Innehaltens und der Neubesinnung ins Zentrum der Willensfreiheitsdebatte zu stellen, auch wenn man dies dem Wort »Willensfreiheit« nicht ansieht.

Schon die Substantivierung des Verbs »wollen« zu einem »Willen« birgt Fallstricke. Wer etwas will, übt dabei ein Vermögen aus. Dieses Vermögen oder dessen Ausübung zu einem Ding namens »Wille« zu vergegenständlichen, dem dann bestimmte Eigenschaften, gar seinerseits Fähigkeiten zugeschrieben werden, verschiebt die Aufmerksamkeit von der wollenden Person zu einer Instanz in ihr. Wenn angenommen wird, dass in Wirklichkeit nicht wir es sind, die etwas wollen oder tun, sondern etwas in uns, eben der Wille, sind philosophische Rätsel vorprogrammiert. Andererseits erscheint es aussichtslos, die Substantivierung einfach verbieten zu wollen. Aus Traditionsgründen halte ich in diesem Buch an der Bezeichnung »Willensfreiheit« fest, behalte mir aber vor, das Attribut »frei« auf anderes als den Willen anzuwenden, beispielsweise auf die wollende Person, insofern sie bestimmte Fähigkeiten hat.

Ich werde in diesem Buch für einen *fähigkeitsbasierten* Begriff der Willensfreiheit plädieren: dafür, die Aussage, dass der Mensch einen freien Willen habe, als eine nicht besonders glücklich formulierte anthropologische Behauptung über menschliche Fähigkeiten aufzufassen. Ein solcher Begriff der Willensfreiheit hat in der Philosophiegeschichte einige Vorbilder. Kant bestimmt die Willensfreiheit an verschiedenen Stellen als humanspezifisches Vermögen: »Der Wille des Menschen ist frey, bedeutet so viel als: die Vernunft hat ein Vermögen über den Willen und die anderen Vermögen und Neigungen.«[9] Die Freiheit sei »eigentlich ein Vermögen, alle willkührliche Handlungen den Bewegungsgründen der Vernunft zu unterordnen.«[10]

Demgegenüber stellt die von Kognitions- und Neurowissenschaftlern bevorzugte Frage, welche seiner Entscheidungen ein Mensch als frei empfindet und warum, einen Themenwechsel dar. Wenn Freiheit primär ein Vermögen ist, dann trifft die Frage, ob einzelne Handlungen oder Entscheidungen frei sind oder so empfunden werden, nicht den Kern der Sache. Den entscheidenden Punkt hat Kant klar beschrieben:

> »Der Mensch fühlt also ein Vermögen in sich, sich durch nichts in der Welt zu irgend Etwas zwingen zu lassen. Es fällt solches zwar öfters schwer aus anderen Gründen; aber es ist doch möglich, er hat doch die Kraft dazu.«[11]

Ein Vermögen büßt man nicht dadurch ein, dass die Ausübung im Einzelfall schwerfällt. Kant kennt nur zwei Ausnahmen: Bei kleinen Kindern ist das Vermögen noch nicht ausgeprägt, in einer schweren psychischen Störung kann es verloren gehen.[12] In allen anderen Fällen, also bei psychisch leidlich gesunden Erwachsenen, ist das Vermögen vorhanden. Ob und inwieweit ein Mensch faktisch davon Gebrauch macht, liegt dann in seiner eigenen Verantwortung.

Dies ist im Wesentlichen auch das Bild des deutschen Strafrechts. Die Schuldfähigkeit eines Täters wird im Artikel 20 des Strafgesetzbuchs genau dann verneint, wenn er »unfähig ist, das Unrecht der Tat einzusehen oder nach dieser Einsicht zu handeln«. Wenn der (mindestens vierzehn Jahre alte) Täter zum Tatzeitpunkt einsichts- und steuerungsfähig war, genügt dies für seine Schuldfähigkeit. Ob er von diesen beiden Fähigkeiten angemessenen Gebrauch gemacht hat, ist für seine Schuldfähigkeit nicht relevant. Es genügt, dass die Fähigkeiten vorhanden waren. Wenn er sie nicht aktualisiert hat, richtet sich der Vorwurf darauf, dass er sie hätte aktualisieren *sollen*.

Den menschlichen Willen frei zu nennen heißt also vernünftigerweise nicht, eine psychologisch gehaltvolle Aussage über einzelne Willensbildungsprozesse zu treffen. Wäre »frei« primär ein Attribut von faktischen Willensbildungs- oder Entscheidungsprozessen, so wäre in jedem Einzelfall zu ermitteln, ob irgendwelche Faktoren die freie Willensbildung beeinträchtigt haben und in welchem Ausmaß. Nun zählen für viele Autoren auch Gewohnheiten und Routinen zu den Faktoren, die die Willensbildung einschränken. Der Psychologe Wilhelm Wundt soll einmal gesagt haben, Menschen seien bei drei Vierteln ihrer Handlungen Automaten. Nach der hier vertretenen Auffassung sind diese quantitativen Fragen aber für die Willensfreiheitsdebatte ohne Belang. Freiheit wird hier als ein komplexes Vermögen gesunder Menschen im Vollbesitz ihrer geistigen Fähigkeiten verstanden, nicht als Attribut einzelner Willensbildungsprozesse. Ein Vermögen büßt sein Träger nicht schon dadurch ein, dass er es im Einzelfall nicht ausübt oder daran gehindert wird.

An einer philosophischen Freiheitslehre lassen sich ein positiver und ein negativer Teil unterscheiden. Im positiven Teil wird das freiheitskonstitutive Vermögen charakterisiert. Dieses Vermögen muss aber auch in die Welt passen. Die physische Welt darf nicht so sein, dass die Existenz oder Ausübung dieses Vermögens unmöglich wäre. Dafür ist der *negative* Teil einer Freiheitslehre zuständig. Dieser negative Teil mag aus heterogenen Elementen zusammengesetzt sein, zu denen aus libertarischer Sicht der Umstand gehört, dass wir nicht in einer Welt leben, in der Anfangsbedingungen und Naturgesetze den Lauf der Dinge alternativlos fixieren.

Wie lässt sich das freiheitskonstitutive Vermögen nun näher charakterisieren? Wenn es bei der Willensfreiheit nicht um die Fähigkeit geht, seine ersten Neigungen oder Regungen zu wählen, sondern darum, was mit diesen Regungen weiter geschieht, erscheint der Vorschlag plausibel, die *Bildung des Willens* als dasjenige anzusehen, was »frei« genannt wird. Neigungen setzen sich nicht von allein in die Tat um, zwischen ihnen und Handlungen liegen die Willensbildung und die Entscheidungsfindung. Dieser Prozess kann entweder frei oder unfrei, also gehindert oder ungehindert, ablaufen. Gottfried Seebaß hat Willensfreiheit entsprechend als »hinderungsfreie Willensbildung« bestimmt.[13]

Doch bei näherer Betrachtung passt dieser Vorschlag nicht zu einem fähigkeitsbasierten Freiheitsbegriff. Eine Fähigkeit der hinderungsfreien Willensbildung kann es nicht geben, weil es kein Vermögen gibt, keinen Hinderungen ausgesetzt zu sein. Dass keine Hindernisse vorhanden sind, ist nichts, was in unserer Macht stünde. Gesucht ist vielmehr ein Vermögen, das wir auch dann noch haben, wenn Hindernisse vorhanden sind. Wir besitzen kein Vermögen, nicht gehindert zu werden, wohl aber solche, die wir *angesichts* von Hindernissen ausüben können. Es bleibt also noch eine Möglichkeit, einen fähigkeitsbasierten Freiheitsbegriff mit dem Gattungsbegriff der Hindernisfreiheit zu verknüpfen, und diese Möglichkeit sollten wir ergreifen: Willensfreiheit lässt sich als *Fähigkeit zur hindernisüberwindenden Willensbildung* auffassen. Das von Locke beschriebene Vermögen des Innehaltens und Prüfens ist eine Komponente oder ein Spezialfall dieser Fähigkeit.

Manche Philosophen trennen den positiven Fähigkeitsaspekt und den negativen Aspekt des Ungehindertseins terminologisch und reservieren den Freiheitsbegriff für Letzteren. So erklärt Hobbes, dass es dem Akteur nur im Falle äußerer Hindernisse an Freiheit fehle, im Falle innerer Hindernisse dagegen an Vermögen.[14] Dann aber fügt Hobbes beide Aspekte doch wieder zusammen: Frei werde derjenige genannt, der nicht daran gehindert werde, willentlich zu tun, was er vermag.[15] Auch im hier vorgeschlagenen fähigkeitsbasierten Begriff der hindernisüberwindenden Willensbildung sind beide Aspekte vereinigt, allerdings auf andere Weise. Es gehört nämlich schon zum Begriff einer Fähigkeit, dass sie in typischen Realisierungsbedingungen auch ausgeübt werden kann. Jede Fähigkeitszuschreibung ist implizit auf bestimmte Umstände bezogen. Wer zu etwas fähig ist, ist in der Lage, es unter bestimmten Umständen zu tun.[16]

Wichtig ist, dass das Eintreten der geeigneten Umstände die Ausübung der Fähigkeit nicht *verursacht*. Echte Fähigkeiten sind etwas anderes als passive Dispositionen. Eine Fähigkeit, die sich unter bestimmten Bedingungen gleichsam automatisch aktualisiert, wäre von einer Disposition wie Wasserlöslichkeit oder Zerbrechlichkeit nicht zu unterscheiden. Wird Zucker in Wasser geworfen, muss er nichts tun, er löst sich von selbst auf beziehungsweise wird vom Wasser aufgelöst. Menschen, die eine Fähigkeit ausüben, müssen hingegen stets etwas hinzutun, damit das Fragliche geschieht. Tun kann man aber nur, was nicht schon von selbst geschieht, und in diesem anspruchslosen Sinn schließt das Tun das Überwinden bestimmter Trägheitsmomente oder Hindernisse ein. Bei den für die Willensfreiheitsdebatte besonders wichtigen Fähigkeiten der Selbststeuerung und Selbstbeherrschung wird die Relativierung auf bestimmte typische Bedingungen sehr deutlich: Die Fähigkeit der Selbstbeherrschung zeigt sich gerade darin, dass sie unter widrigen Bedingungen ausgeübt wird – eben unter solchen, in denen Selbstbeherrschung erforderlich ist.

Allerdings muss, wer zu hindernisüberwindender Willensbildung fähig ist, nicht *jedes* Hindernis überwinden können. Manche Umstände sind derart, dass sie die Ausübung der Fähigkeit unmöglich machen oder sogar die Fähigkeit selbst beeinträchtigen. Deshalb muss ein fähigkeitsbasierter Freiheitsbegriff auf *typische* Umstände bezogen werden. Im Einzelfall, etwa bei der Beurteilung der Steuerungsfähigkeit eines Straftäters, ist die schwierige Frage zu entscheiden, ob der Täter seinen Impulsen nicht widerstehen konnte oder ob er es nicht wollte. Nur im ersteren Fall war seine *Fähigkeit* zur Selbststeuerung eingeschränkt.

Vielfache äußere Beschränkungen können jemanden hindern, zu tun, was er will, schränken also seine Handlungsfreiheit ein. Doch welche Faktoren schränken die freie Willensbildung ein? Auf der Hand liegt, dass Willensfreiheit mit einem großen Maß an politischer Unfreiheit und äußeren Zwängen verträglich ist. Wer in Ketten liegt, büßt die Freiheit des Willens nicht ein. Selbst wer bei einem Raubüberfall mit der Frage »Geld oder Leben?« konfrontiert wird, besitzt doch die Freiheit, eines von beiden zu wählen. Dass eine der beiden Entscheidungen grob unvernünftig wäre, hebt die Fähigkeit, sie selbst und begründet zu treffen, nicht auf.

Als Faktoren, die die Willensfreiheit einschränken, werden unter anderem innere Zwänge, Automatismen, Süchte, starke Affekte, Erpressung und Folter genannt. Aus libertarischer Sicht ist diese Liste zu lang. Eine extreme Position in dieser Frage nehmen Kant und Jean-Paul Sartre ein. Sie behaupten, dass der menschliche Wille selbst unter der Folter frei bleibe. Dass der Mensch, wie Kant sagt, die Kraft habe, »alle Arten von Marter« zu ertragen und doch auf seinem Willen zu beharren[17], ist eine bestreitbare anthropologische Behauptung. Man spricht sehr wohl davon, dass Folter den Willen oder die Persönlichkeit zu brechen versucht. Ob es ihr gelingt, ist eine andere Frage, und die Antwort mag nicht für jeden Menschen gleich ausfallen.

Vertreter der Willensfreiheitsthese behaupten nicht, dass die menschliche Willensbildung keinerlei Restriktionen oder Bedingungen unterliegt. Aristoteles diskutiert das Beispiel eines Kapitäns, der im Sturm die Ladung über Bord wirft, um sein Schiff und die Mannschaft zu retten: »Schlechthin freiwillig tut das niemand, dagegen um sich und die anderen zu retten tut es jeder, der Vernunft besitzt.«[18] Dieses Beispiel funktioniert wie die »Geld-oder-Leben«-Situation. Entscheidend ist hier der Hinweis auf die

Vernünftigkeit der Entscheidung. Der Wunsch, vernünftig zu entscheiden, beschränkt natürlich die Optionen, doch es wäre merkwürdig, zu sagen, dass die freie Willensbildung durch vernünftiges Überlegen *behindert* wird. Praktisches Überlegen findet stets unter Bedingungen statt und viele davon haben wir nicht selbst gewählt. Durch Zwangslagen allein wird die Willensbildung also nicht behindert. Zu überlegen ist stets, was *unter den gegebenen Bedingungen* zu tun ist. Wer hingegen, freudianisch ausgedrückt, mit dem Realitätsprinzip auf Kriegsfuß steht und stets nach dem Lustprinzip handelt, ist nicht besonders frei, sondern unreif oder irrational oder beides.

Die entscheidende Frage ist, ob jeweils die *Fähigkeit* zur überlegten Willensbildung eingeschränkt ist oder nicht. Faktoren, die einer Person die Fähigkeit nehmen, begründet ihren Willen zu bilden, tangieren ihre Willensfreiheit. Zwangslagen und Erpressungen schränken diese Fähigkeit für sich genommen nicht ein, sie betreffen vielmehr die Handlungsfreiheit. In welchem Ausmaß innere Zwänge, Süchte, Psychosen oder körperlicher Schmerz die Fähigkeit der überlegten Willensbildung im Einzelfall einschränken, ist keine philosophische Frage, sondern eine empirische. Wenn es unter solchen Bedingungen zu einer Straftat gekommen ist, ziehen Gerichte im Zweifelsfall einen forensischen Psychiater heran, um die Schuldfähigkeit des Täters zu begutachten. Im deutschen Strafrecht sind dafür die Einsichts- und die Steuerungsfähigkeit des Täters ausschlaggebend. Ob diese Fähigkeiten in einer konkreten Situation beeinträchtigt waren, muss im Einzelfall festgestellt und kann nicht aufgrund allgemeiner anthropologischer Überlegungen entschieden werden.

Ein Nachteil der Rede von der Willensbildung ist, dass die Fähigkeit, seinen Willen *handlungswirksam* zu machen oder dies zumindest zu versuchen, nicht mit erfasst wird. Es spricht aber vieles dafür, diese Fähigkeit in den Begriff des So-oder-anders-Könnens einzuschließen. Dass man tun kann, was man will, wird zwar gewöhnlich zur Handlungsfreiheit statt zur Willensfreiheit gezählt, doch auf diese Unterscheidung sollten wir nun einen zweiten Blick werfen: In seinem Handeln frei nennt man denjenigen, der nicht durch äußere Umstände daran gehindert wird, seinen Willen in die Tat umzusetzen. Damit jemand eine gewollte Handlung ausführen kann, muss zur Fähigkeit noch die äußere Gelegenheit hinzukommen, und es wäre unangemessen, durch mangelnde Gelegenheit die Willensfreiheit tangiert zu sehen. Dies zeigt das oben erwähnte Beispiel von Locke: Wenn die Tür meines Zimmers ohne mein Wissen verschlossen ist, dann kann ich nicht mehr tun, was ich will, nämlich hinausgehen. Ich kann es aber immer noch wollen und bei näherer Betrachtung wird man zugeben müssen, dass auch die *Fähigkeit*, seinen Willen in die Tat umzusetzen, also handlungswirksam zu machen, nicht verloren ist. Die Person kann zumindest *versuchen*, das Zimmer zu verlassen, und auch Versuche sind etwas, was man tut.

Dass auch Versuche Handlungen sind, bleibt bei der üblichen Gegenüberstellung von Handlungs- und Willensfreiheit unberücksichtigt. Beschränkte man nun die Willensfreiheit auf die Fähigkeit, seinen Willen zu bilden, so würde der Versuch, seinen Willen handlungswirksam zu machen, nicht mehr dazu zählen. Plausiblerweise sollte man aber die Fähigkeit, eine Umsetzung des Willens zu versuchen, in einen fähigkeitsbasierten Begriff der Willensfreiheit einschließen. Den *Erfolg* eines solchen Versuchs können äußere Umstände vereiteln. Mangelnde *volitive*, d. h. sich auf den eigenen Willen beziehende oder darauf beruhende Fähigkeiten können verhindern, dass der Versuch, seinen Willen in die Tat umzusetzen, allererst unternommen wird. Einschlägig sind hier etwa Willensschwäche oder Steuerungsunfähigkeit, durch die man die Willensfreiheit beeinträchtigt sehen würde. Dagegen würde man sie durch mangelnde *körperliche* Fähigkeiten nicht beeinträchtigt sehen. Andernfalls müsste man Patienten mit Locked-in-Syndrom, die sich nicht mehr mitteilen können, die Willensfreiheit absprechen. Möchte man, meinem Vorschlag folgend, auch bei ihnen davon sprechen, dass sie ihren Willen in die Tat umzusetzen versuchen können, so muss man einen ätherischen Begriff des Versuchens zulassen, der keine körperlichen Fähigkeiten erfordert, sondern nur mentale. Ein solcher Begriff des Versuchens ist sehr sinnvoll: Ein Locked-in-Patient kann beispielsweise versuchen, seine Augen zu bewegen – anfangs ist das bei einigen Patienten noch möglich –, und dann feststellen, dass ihm auch diese Muskeln nicht mehr gehorchen. Auch in anderen Kontexten sprechen wir davon, dass jemand seinen Willen »betätigt«, ohne uns damit auf das Stattfinden wahrnehmbarer Körperbewegungen zu verpflichten. Beispielsweise kann man versuchen, im Kopf eine Rechenaufgabe zu lösen, mithin brauchen wir auch für gesunde Personen einen ätherischen Begriff des Versuchens. Gewisse physiologische oder neuronale Prozesse müssen unter nichtdualistischen Annahmen vorkommen, wenn jemand seinen Willen »betätigt«, und genau die nehmen wir auch beim Locked-in-Patienten an, dem wir den Erhalt seiner Willensfreiheit zuerkennen. Die Unterscheidung zwischen körperlichen und mentalen Fähigkeiten mag am Ende unscharf sein, doch präziser als sie ist der Begriff der Willensfreiheit dann eben nicht. Die Beschränkung der relevanten Fähigkeiten auf mentale gehört zur dualistischen Erblast des Willensfreiheitsbegriffs. Dürfte man noch einmal von vorn anfangen, so würde man sowohl den »Willen« als auch seine »Freiheit« auf sich beruhen lassen und stattdessen die einschlägigen Fähigkeiten möglichst genau zu beschreiben suchen.

Oben habe ich erklärt, dass ich an der Bezeichnung »Willensfreiheit« aus Traditionsgründen festhalte. Nun müssen wir das Beste daraus machen. Es spricht alles dafür, zumindest die Fähigkeit, seinen Willen in die Tat umzusetzen zu versuchen, zur Willensfreiheit hinzuzuzählen. Willensfreiheit wäre dann *die Fähigkeit zur überlegten hindernisüberwindenden Willensbildung und -umsetzung*. Mit »Umsetzung« ist dabei der Versuch gemeint, also dasjenige, was auch unter ungünstigsten äußeren Umständen noch »bei uns steht«, um den aristotelischen Ausdruck zu gebrauchen.

Am Begriff der Willensfreiheit sollte schon deshalb festgehalten werden, weil dies der einfachste Weg ist, den Unterschied zu den politischen Freiheiten zu markieren, die ja Unterarten der Handlungsfreiheit sind. Dieser Unterschied kann nicht hoch genug veranschlagt und muss gegen Kritik verteidigt werden. Viele Menschen fühlen sich durch Kants und Sartres Behauptung, dass der Wille selbst unter der Todes- oder Folterdrohung frei bleibe, provoziert. Sie halten das Bestehen auf einer Freiheit, die so wenig Verbindung mit Freiheiten hat, an denen uns außerhalb der Philosophie liegt, für zynisch. Auch das sarkastische Bonmot, Reichen wie Armen stünde es frei, unter Brücken zu schlafen, ist hier einschlägig. Das überragende nichtphilosophische Interesse, nicht von Obdachlosigkeit, mit dem Tod oder mit Folter bedroht zu werden, macht das Problem der Willensfreiheit aber nicht gegenstandslos.

In der Tat streben wir außerhalb der Philosophie nach anderen Arten von Freiheit. Das Befremden über den philosophischen Begriff der Willensfreiheit könnte aber auch etwas anderes anzeigen, als die Kritiker vermuten. Vielleicht ist Willensfreiheit nicht deshalb ein Spezialthema für die Philosophen, weil sie exotisch, irrelevant oder praxisfern wäre, sondern weil sie so grundlegend ist. Die Philosophie beschäftigt sich mit tiefliegenden Voraussetzungen unseres Denkens, Erkennens und Handelns: mit Prinzipien und Begriffen, die so allgemein sind, dass sie im Alltag und in den anderen Wissenschaften nicht problematisiert, sondern als geklärt vorausgesetzt werden. Die Willensfreiheit könnte zu diesen elementaren Voraussetzungen gehören. Nach Ludwig Wittgenstein sind die von der Philosophie behandelten Phänomene »durch ihre Einfachheit und Alltäglichkeit verborgen«. In der Philosophie wollten wir »etwas *verstehen*, was schon offen vor unseren Augen liegt«[19]. Die Willensfreiheit könnte ein Phänomen sein, das uns nur allzu vertraut ist, eine Fähigkeit, die wir stets unterstellen und in Anspruch nehmen, wiewohl wir selten darüber nachdenken. Erst wo sie im Einzelfall gefährdet oder verloren ist, tritt sie ins Bewusstsein.

Die philosophische und außerphilosophische Relevanz der Willensfreiheit erweist zweitens der Umstand, dass die *moralische Verantwortlichkeit* auf der Freiheitsannahme beruht. Nach Tugendhat lautet die entscheidende Frage: »Wie sieht die Willensfreiheit aus, wenn es möglich sein soll, eine Person zur Verantwortung zu ziehen?«[20] Dass dafür Willensfreiheit erforderlich sei und nicht bloß Handlungsfreiheit, sehe man daran, dass wir Tiere nicht zur Verantwortung ziehen, »offenbar weil es keinen Sinn ergäbe, obwohl auch sie ihre Glieder heben können, wenn sie wollen«[21].

Was ist Determinismus?

Philosophische Freiheitstheorien lassen sich, wie eingangs beschrieben, in kompatibilistische und inkompatibilistische sortieren. Erstere halten die Freiheit für mit dem Determinismus vereinbar, Letztere nicht. Der universale Determinismus ist eine naturphilosophische oder metaphysische Doktrin, die in der Moderne mit Bezug auf Naturgesetze formuliert wird. Der Determinismus behauptet, dass der gesamte Weltlauf ein für alle Mal alternativlos fixiert ist: Durch Naturgesetze und Anfangsbedingungen sind alle weiteren Weltzustände festgelegt, sodass es zu jedem Zeitpunkt genau eine mögliche Zukunft gibt.

Eine berühmte Formulierung des universalen Determinismus hat im frühen 19. Jahrhundert der französische Mathematiker Pierre Simon de Laplace gegeben. Laplace fingiert eine Instanz, die das gesamte Weltgeschehen berechnen kann, den später so genannten *laplaceschen Dämon*:

> »Wir müssen also den gegenwärtigen Zustand des Weltalls als die Wirkung seines früheren und als die Ursache des folgenden Zustands betrachten. Eine Intelligenz, welche für einen gegebenen Augenblick alle in der Natur wirkenden Kräfte sowie die gegenseitige Lage der sie zusammensetzenden Elemente kennte, und überdies umfassend genug wäre, um diese gegebenen Größen der Analysis zu unterwerfen, würde in derselben Formel die Bewegungen der größten Weltkörper wie des leichtesten Atoms umschließen; nichts würde ihr ungewiß sein und Zukunft wie Vergangenheit würden ihr offen vor Augen liegen.«[22]

Der laplacesche Dämon, den man heute als einen Supercomputer auffassen würde, veranschaulicht *Voraussagbarkeit*, also einen epistemischen Sachverhalt, während Determinismus eine These über das Weltgeschehen selbst ist. Für Laplace ist der Zusammenhang zwischen beidem der folgende: *Wenn* der Determinismus wahr ist, dann könnte der Dämon aufgrund der Kenntnis eines Anfangszustandes und der Bewegungsgesetze beliebige weitere Zustände errechnen.

Gleichwohl bleibt problematisch, dass bei Laplace zwei Ideen miteinander verknüpft werden: eine darüber, was der Fall ist, und eine darüber, was wissbar ist. Voraussagbarkeit ist ein epistemischer Begriff und es wäre durchaus möglich, dass der universale Determinismus wahr ist, ohne dass perfekte Voraussagen erreichbar sind. Vielerlei kontingente Schwierigkeiten für perfekte Voraussagen liegen auf der Hand: Das Verhalten vieler physikalischer Systeme zeigt eine sensible Abhängigkeit von minimalen Schwankungen der Anfangsbedingungen, sodass eine Vorausberechnung des Systemverhaltens selbst unter deterministischen Annahmen schon über kurze Zeiträume hinweg unmöglich ist. Menschliche Physiker sind nicht allwissend und werden es nie sein. Die für beliebig detaillierte Prognosen erforderlichen Daten können sie nur unvollständig und mit begrenzter Genauigkeit ermitteln.

Zusätzlich gibt es *prinzipielle* Schwierigkeiten für perfekte Voraussagen. Sie werden deutlich, wenn man fragt, ob der Dämon Teil der Welt sein soll, die er beobachtet, und auf welche Weise er seine Daten gewinnen soll. In unserer Welt verbraucht jede Informationsübertragung Energie, ändert also die physikalischen Daten, die ein Supercomputer oder Superwissenschaftler gewinnt. Wer Informationen sammelt, zieht Energie aus dem beobachteten System ab. Die Beträge sind sehr gering, weshalb sie in der klassischen Physik vernachlässigt werden. Wenn aber beliebig präzise und beliebig detaillierte Voraussagen des Weltlaufs gefragt sind, verbietet sich jedes Vernachlässigen. Die Frage ist nun, für welchen Weltverlauf die Vorhersage gelten soll: für den solcherart beeinflussten oder für den unbeeinflussten? Sofern der laplacesche Dämon Teil der Welt sein soll, ist er vom Problem des *Beobachterparadoxons* betroffen: Ein Beobachter, der kausal mit der Welt interagiert und Information aus ihr abzieht, beeinflusst unvermeidlich die festzustellenden Zustände.

Ist der Dämon hingegen nicht Teil der Welt, tritt er also nicht in innerweltliche Kausalbeziehungen ein, stellt sich die Frage, wie er von einem Weltzustand Kenntnis erhalten soll. Er wäre dann eine körperlose Intelligenz, ein »idealer Beobachter«, wie Philosophen ihn fingieren, wenn sie eine allwissende Instanz brauchen, ohne von Gott zu reden. Der Dämon selbst fiele in diesem Falle aus dem universalen deterministischen Zusammenhang hinaus, den er berechnen soll. Er müsste auch nicht herausfinden, wie sich die Dinge verhalten, er wüsste es einfach. Die Frage, wie er es weiß, wäre unbeantwortbar oder blasphemisch. Seine von Laplace imaginierten »Berechnungen« wären auch keine innerweltlichen Prozesse.

Ein solcher idealer Beobachter außerhalb der Welt wäre nur eine rhetorische Zutat, die der Annahme, dass das Weltgeschehen eben determiniert ist, nichts Wesentliches hinzufügen würde. Nun bestand aber der Charme der laplaceschen Erläuterung des Determinismus gerade darin, dass sie, so Karl Popper, »aus der Doktrin eine wissenschaftliche statt eine religiöse Wahrheit«[23] zu machen beansprucht, denn das Wissen der überlegenen Intelligenz soll ja nicht auf Eingebung, Offenbarung oder göttlichem Allwissen beruhen, sondern auf Datenerhebung und Berechnung als epistemischen Operationen, die menschliche Fähigkeiten nur dem Grad nach übersteigen.

Angesichts dieser Schwierigkeiten spricht alles dafür, die These des Determinismus ohne Bezug auf Vorhersagbarkeit zu formulieren. Die Behauptung, dass der gesamte Weltlauf ein für alle Mal alternativlos festgelegt ist, besagt noch nichts darüber, was man über die Zukunft wissen kann.

Unabweisbar ist hingegen die Frage, *wodurch* der Weltlauf festgelegt sein soll. Hier ist zunächst festzuhalten, dass der Determinismus eine *modale* Behauptung über den Weltlauf macht. Er behauptet nicht nur, dass die Zukunft so sein wird, wie sie nun einmal sein wird, sondern dass sie *notwendigerweise* auf bestimmte Weise beschaffen sein wird. Die Natur dieser Notwendigkeit war in der Philosophiegeschichte Gegenstand intensiver Diskussionen. Sogenannte *logische Deterministen* behaupten zum Beispiel, dass die Zukunft deshalb feststehe, weil bestimmte Aussagen über Zukünftiges jetzt schon wahr seien. Betrachten wir diese Behauptung etwas näher.

Unter den Aussagen über die Zukunft gibt es einige, die aus logischen Gründen wahr sind. Dazu gehört die Aussage, dass die Zukunft so sein wird, wie sie sein wird. »Que sera, sera«, hat Doris Day gesungen, und mit dieser Weisheit war sie auf der sicheren Seite, denn dass genau das geschehen wird, was geschehen wird, ist eine Tautologie. Zweifellos wird auch jeder von uns sich genau dazu entscheiden, wozu er sich entscheiden wird – wozu auch sonst? Nun können aus einer Tautologie keine gehaltvollen Thesen folgen, also muss jeder Schluss von »Que sera, sera« auf etwas Interessantes ein Fehlschluss sein. Und in der Tat: Die modale These, dass die Zukunft *notwendig* so sein wird, wie sie sein wird, also *unausweichlich* ist, folgt aus »Que sera, sera« nicht, auch wenn die Sentenz häufig so ausgelegt wird.

Logische Wahrheiten werfen keine besonderen Probleme für die Freiheit auf. Wer sich in seinem Handeln oder Wollen durch logische Gesetze eingeschränkt sieht, dem mangelt es nicht an Freiheit, sondern an Einsicht. Selbst Gott in seiner Allmacht ist nicht von den Gesetzen der Logik dispensiert – so antwortete man jedenfalls im Mittelalter auf die Fangfrage, ob Gott einen Stein erschaffen könne, der so schwer ist, dass er ihn nicht heben kann. Sowohl die bejahende als auch die verneinende Antwort scheint auf eine Leugnung der göttlichen Allmacht hinauszulaufen.

Wenn Wahrheiten über die Zukunft eine Herausforderung für die Freiheit darstellen, sind es nach Aristoteles die *kontingenten*, also nicht logisch notwendigen. Aristoteles diskutiert den Beispielsatz »Morgen findet eine Seeschlacht statt«. Er scheint unter anderem zu argumentieren – der Text ist sehr schwierig zu interpretieren –, dass dieser Satz jetzt noch keinen Wahrheitswert haben könne, da es zum Sinn des praktischen Überlegens gehöre, dass die Zukunft beeinflussbar sei. Wenn es jetzt schon wahr sei, dass morgen eine Seeschlacht stattfindet, brauchten »wir weder Überlegungen anzustellen noch in der Erwägung tätig zu sein [...], es werde, wenn wir das und das tun, das und das der Fall sein, wenn wir es aber nicht tun, nicht«[24].

Worin genau hier die Herausforderung bestehen soll, ist nicht leicht zu verstehen. Wenn Aussagen über die kontingente Zukunft einen Wahrheitswert haben, dann ist es in einer Welt, in der an einem bestimmten zukünftigen Tag eine Seeschlacht stattfindet, wahr, dies zu einem beliebigen früheren Zeitpunkt auszusagen. In einer Welt, in der die Seeschlacht nicht stattfindet, ist es falsch, ihr Stattfinden auszusagen, zu welchem Zeitpunkt auch immer. Allein daraus, dass Aussagen oder Voraussagen einen Wahrheitswert haben, folgt nicht, dass die Zukunft determiniert ist. Natürlich könnte sie immer noch durch Naturgesetze und Anfangsbedingungen determiniert sein, aber gewiss nicht dadurch, dass jemand aufgrund von Glück oder des Auswertens von Indizien eine wahre Voraussage macht. Aussagenwahrheit legt die Zukunft nicht fest, vielmehr verhält es sich umgekehrt: Vom zukünftigen Geschehen hängt ab, welche Aussagen über dieses Geschehen wahr sind. Wenn das Vorausgesagte eintrifft, ist die Aussage wahr, aber das Vorausgesagte trifft nicht ein, *weil* es vorausgesagt wurde. Kurz: Selbst wenn es wahr sein sollte, dass morgen eine Seeschlacht stattfindet, folgt daraus nicht, dass jetzt schon *feststünde* oder *determiniert wäre*, dass sie stattfindet.

Die über den logischen Determinismus hinausgehende Auffassung, dass jede Anstrengung zwecklos sei, weil die Zukunft sich nicht beeinflussen lasse, nennt man *Fatalismus* (von lat. *fatum*, Schicksal). Wenn vom Determinismus auf den Fatalismus geschlossen wird, handelt es sich um einen Fehlschluss – um denselben Fehlschluss, der am Werke ist, wenn ein Missetäter fordert, er dürfe nicht bestraft werden, weil sein Verhalten schließlich determiniert gewesen sei. Über Zenon, den Gründer der stoischen Schule, wird berichtet, er habe einen beim Diebstahl ertappten Sklaven bestraft, und als dieser rief: »Es war vom Schicksal so bestimmt, ich musste stehlen«, entgegnete Zenon: »Und geschlagen werden«. Zenons bündige Antwort macht klar, warum der Verweis auf den universalen Determinismus niemals dazu dienen kann, irgendeine Forderung zu begründen. Ist das gesamte Weltgeschehen determiniert, gilt dies auch für die Reaktion anderer auf meine Handlungen, für Lob und Tadel, Strafe und Lohn. Demgegenüber beruht die Forderung des Sklaven, nicht geschlagen zu werden, auf einem *halbierten* Determinismus. Wenn Menschen einander auffordern, etwas zu tun oder zu lassen, so unterstellen sie, dass dem Angesprochenen dies auch freisteht. Sollen setzt Können voraus. Diese Überlegung widerlegt den Determinismus natürlich nicht, aber sie macht klar, warum aus dem universalen Determinismus nichts Praktisches für das Strafrecht folgt. Der laplaceschen Determination wären Beklagte wie Strafrichter gleichermaßen unterworfen.

Zurück zum Fatalismus. In der Stoa bezeichnete man das Argument des Fatalisten, jede Anstrengung, ein doch schon feststehendes Schicksal abzuwenden, sei zwecklos, als *das faule Argument* (*argos logos*). Cicero referiert ein klassisches Beispiel: »Wenn es für dich vom Fatum bestimmt ist, von dieser Krankheit zu genesen, dann wirst du genesen, ob du einen Arzt beiziehst oder nicht; und umgekehrt: Wenn es dein Fatum ist, daß du aus dieser Krankheit nicht genesen sollst, wirst du nicht genesen, ob du nun einen Arzt beiziehst oder nicht; und eines von beiden ist dein Fatum: folglich ist es sinnlos, einen Arzt zu bemühen.«[25]

Worin besteht der Fehler dieser Überlegung? Nach Chrysipp besteht er in einer Fehleinschätzung der Reichweite des Fatums. Es wird der Umstand übersehen, dass mein Hinzuziehen des Arztes, wenn es denn stattfindet, »koschicksalhaft« wäre, also in mein Schicksal eingeschlossen ist. Der Kranke wird entweder gesunden oder eben nicht, aber die mögliche Welt, in der er gesundet, mag durchaus die Welt sein, in der er einen Arzt konsultiert. Es könnte vom Schicksal bestimmt sein, dass er *aufgrund ärztlicher Behandlung* gesundet. Fehlerhaft ist also der Schluss von »Ich werde gesunden oder eben nicht« auf »Einen Arzt zu konsultieren ist zwecklos«.

Schon das »Que sera, sera« wird gewöhnlich im Sinne von »Was geschieht, geschieht *ohnehin*« verstanden. An dieser fatalistischen Lesart, so kann man nun mit Chrysipp einwenden, ist das »ohnehin« falsch. Wenn man an die Vorausbestimmung durch das Fatum glaubt, kann man nicht die eigenen Überlegungen, Entscheidungen und Handlungen aus dieser Determination ausnehmen. Man kann sich auch nicht auf das Fatum *berufen*, um eine Entscheidung, etwa den Verzicht auf den Arzt, zu rechtfertigen. Chrysipps Kritik am faulen Argument soll zeigen, dass niemand uns unsere Entscheidungen abnimmt. Sartre wird später sagen, der Mensch sei »zur Freiheit verurteilt«[26].

Das Verhältnis der Stoa zum Determinismus und zum Fatalismus war ambivalent.[27] Viele Stoiker haben fatalistische Positionen vertreten, hatten aber durchaus ein Bewusstsein für die damit verbundenen Probleme. Der allgemeine Rat der Stoiker zur Lebensführung lautete: Folge der Natur! Zenon und Chrysipp veranschaulichten das *naturam sequi* durch das Gleichnis von Hund und Wagen: Der an den Wagen angebundene Hund sei gut beraten, brav neben dem Wagen herzulaufen, dann spüre er die Leine nicht. Widersetze er sich, werde er eben mitgeschleift. Ebenso sei es mit uns Menschen.[28] Doch das Gleichnis weist eine innere Spannung auf. Wenn es illustrieren soll, dass mit dem Hund in jedem Fall das Unvermeidliche geschieht, ist es nicht konsistent. Der Hund kann zwar die Fahrt des Wagens nicht beeinflussen, aber er hat offenbar die Wahl, mitzulaufen oder an der Leine zu zerren; und wenn er dann mitgezerrt wird und die Leine ihn würgt, geschieht dies nicht ohnehin, sondern ist Folge seiner Wahl. Vom Wagen mitgeschleift zu werden ist eben ein anderer Lauf der Dinge als nebenherzulaufen. Bei einem konsequenten Determinismus müssten nicht nur die Folgen der Handlung, sondern schon der Versuch des Hundes illusionär sein, denn Versuche sind ebenfalls etwas, was »bei uns steht« (so charakterisierten die Stoiker Handlungen, Aristoteles folgend). Im gegebenen Fall besteht der Versuch darin, dass der Hund an der Leine zerrt. Hätte er diese Wahl nicht, so wäre der Rat, das Zerren zu unterlassen, hinfällig, wie auch der stoizistische Rat »Folge der Natur!« hinfällig wäre, wenn dies zu tun nicht bei uns stünde.

Die innere Spannung des Gleichnisses von Hund und Wagen zeigt erneut, was schon Zenons lakonische Antwort an den diebischen Sklaven zeigte: dass man mit der Einsicht in die eigene Determiniertheit jedenfalls nichts anfangen kann. Ob der universale Determinismus nun wahr ist oder nicht, er lässt sich nicht in Verhaltensmaximen umsetzen, weder in gute Vorsätze noch in eine Forderung nach Belohnung oder Strafe noch in einen gut gemeinten Rat zur Lebensführung. Alle diese Aufforderungen enthalten als Aufforderungen die Unterstellung einer Wahlmöglichkeit und deshalb führt kein Weg vom theoretischen Determinismus zum Fatalismus als einer praktischen Haltung. Freilich kann ein konsequenter Determinist die Selbstanwendung zulassen und zugestehen, dass das Geben des Rates wie dessen Befolgung oder Nichtbefolgung ebenfalls determiniert seien – wie auch jedes Argument, das jemand für oder gegen diese Lehre anführen könnte. Dieses Zugeständnis zeigt aber nur, dass ein selbstangewandter Determinismus die verpflichtende oder rational motivierende Kraft von Ratschlägen und Argumenten, also ihre *illokutionäre Rolle*, wie man in der Sprechakttheorie sagen würde, nicht rekonstruieren kann.

Wie wenig man mit der Einsicht in die Wahrheit des Determinismus anfangen könnte, zeigt auch die von Richard Taylor erfundene »Story of Osmo«: Ein junger Mann namens Osmo findet in einer Bibliothek ein Buch, in dem sein ganzes Leben beschrieben ist. Er beginnt mit der Lektüre, findet seine Kindheit und Jugend in allen Details korrekt dargestellt, liest mit glühenden Ohren weiter und findet auch die Gegenwart korrekt beschrieben: Er sitzt in einem Straßencafé gegenüber der Bibliothek und liest mit glühenden Ohren das Buch »The Story of Osmo«. Er muss weiter erfahren, dass seine Zukunft nicht erfreulich ist und dass er früh bei einem Flugzeugabsturz sterben wird.[29] – Was soll man Osmo raten? Vielleicht, dass er kein Flugzeug mehr besteigen sollte? Aber wenn alles, was im Buch steht, wahr ist, kann er seinen Unfalltod durch nichts auf der Welt verhindern. Taylor wählt für seine Rahmenerzählung einen Ausweg auf Ödipus-Art: Osmo führt seinen Unfalltod unabsichtlich selbst herbei, indem er ihn zu verhindern sucht. Dieser Ausweg ist aber nur möglich, wenn Osmo für den Versuch, seinem Schicksal zu entgehen, *Leerstellen* der Geschichte nutzen kann. Das bedeutet jedoch, dass das Buch das zukünftige Geschehen *nicht in allen Einzelheiten* beschreibt. So verhält es sich ja auch bei Ödipus: Das Orakel von Delphi sagt ihm voraus, dass er seine Mutter heiraten und seinen Vater töten wird, schweigt sich über die Details allerdings aus. Hätte das Orakel die Zukunft genauer beschrieben, so hätte Sophokles für Ödipus andere Leerstellen finden müssen. Wäre die Voraussage beliebig detailliert gewesen, so hätte dies den Ödipus-Plot unmöglich gemacht. Taylor, der selbst den Fatalismus vertritt und ihn auch Osmo empfiehlt, geht also der eigentlichen Schwierigkeit aus dem Weg, die eine präzise Kenntnis der eigenen Zukunft in allen ihren Einzelheiten mit sich bringen würde. Wie sollte jemand auf diese Kenntnis reagieren? Jede mögliche Antwort scheint in Paradoxien zu führen. Da trifft es sich gut, dass noch kein Mensch in dieser Situation war.

Logische Deterministen und Fatalisten sagen oft, dass wir die tatsächliche Zukunft nicht *ändern* können. Diese Unmöglichkeit ist unbestreitbar, aber sie ist ein sprachliches Artefakt. In der Rede von der »tatsächlichen Zukunft« oder der »Zukunft, wie sie sein wird«, sind unsere zukünftigen Handlungen schon eingeschlossen. In der Tat kann niemand die Zukunft in dem Sinne ändern, dass er sie anders sein lassen kann, als sie sein wird. Die Zukunft als Inbegriff dessen, was geschehen wird, ist gar kein Gegenstand unseres Handlungsvermögens. Dies schließt aber nicht aus, dass unsere Entscheidungen einen Einfluss darauf haben, welche der möglichen Zukünfte die tatsächliche sein wird.

Zusammengefasst: Wahrheiten über die Zukunft gefährden unsere Freiheit nicht. Freiheitsgefährdend wäre aus inkompatibilistischer Sicht die modale Verstärkung, dass Bestimmtes *notwendigerweise* geschehen wird. Nun erfordern Notwendigkeitsbehauptungen einen Grund in der Sache – etwas, was sie wahr macht. Die modale Kraft des Determinismus muss irgendwoher stammen. Man kann dies die Frage nach der *Modalitätsquelle* des Determinismus nennen. Logische Wahrheiten beziehen ihre Notwendigkeit beispielsweise aus den logischen Gesetzen oder aus den Bedeutungen der logischen Konstanten. Wird eine logische Wahrheit verneint, ergibt sich ein logischer Widerspruch. Die Behauptung, dass der Weltlauf determiniert sei, muss ihre modale Kraft aus einer anderen Quelle beziehen.

In der Philosophiegeschichte lassen sich mindestens drei unterschiedliche Modalitätsquellen für den Determinismus ausmachen: Gott, das Schicksal und die Naturgesetze. Die Lehre von der Determination des Weltlaufs durch Gottes Willen nennt man *Prädestinationslehre* oder *theologischen Determinismus*. Diese Lehre geht über die Annahme der Allwissenheit Gottes hinaus, denn zur Lenkung des Weltlaufs reicht es nicht aus, dass Gott die Zukunft voraussieht, also kennt. Angenommen wird in der Prädestinationslehre zusätzlich, dass das Geschehen in Gottes *Macht* steht.

Die zweite in der Philosophiegeschichte erwogene Modalitätsquelle ist das *Fatum*, also das Schicksal. Die Stoa hatte einen schillernden Begriff vom Fatum und von der Notwendigkeit. Manchmal war gemeint, dass nichts sich anders verhalten kann als gemäß seiner Natur: »Denn wenn der Stein aus einer gewissen Höhe losgelassen wird und kein Hindernis im Weg ist, kann er sich unmöglich nicht nach unten bewegen.«[30] Ein durchgängiger Determinismus im laplaceschen Sinne ist mit dieser Notwendigkeitsbehauptung nicht verbunden, denn dafür müsste auch determiniert sein, *ob* der Stein losgelassen wird und *ob* sein Herunterfallen verhindert wird. Aber in der Natur welcher Dinge sollten diese Determinationen liegen? Solange das Fatum das Geschehen nur ›determiniert‹, sofern weitere Bedingungen erfüllt sind, die nicht ihrerseits der strengen Determination unterliegen, wird nur eine *bedingte* Notwendigkeit angenommen. Eine solche Lehre verdient die Bezeichnung »Determinismus« nicht. Der Stoiker Chrysipp lehrte, dass es zum Stattfinden einer Handlung stets noch der Zustimmung der Person zu ihrem Handlungsimpuls bedürfe, und diese Zustimmung stehe in ihrer Macht. Sie werde der Person zwar von außen, etwa durch eine Sinneswahrnehmung, nahegelegt, nicht aber aufgezwungen.[31] Dass den Stoikern oft fälschlich ein Determinismus zugeschrieben wird,[32] lässt sich auf eine mangelnde Würdigung der Tatsache zurückführen, dass es sich bei »Notwendigkeit«, »Determinismus«, »Ursache« und »Naturgesetz« um *theoretische Begriffe* handelt, deren Sinn sich erst im Rahmen einer bestimmten Theorie konkretisiert. Zum universalen Determinismus gehört wesentlich, dass Ursachen Ereignisse oder Momentanzustände sind (und nicht Substanzen oder ihre Beschaffenheit), dass die relevanten Naturgesetze stetige Verlaufsgesetze sind (und nicht eine göttliche Ordnung des Kosmos) und dass die Notwendigkeit ihre modale Kraft aus ebendiesen Gesetzen bezieht (und nicht aus dem Weltfeuer, der Weltvernunft oder dem Fatum).

Die dritte Antwort auf die Frage, woraus der Determinismus seine modale Kraft bezieht, lautet: aus den Naturgesetzen. Sie ist in der Philosophie der Gegenwart so selbstverständlich, dass in einigen Determinismusdefinitionen das Attribut »deterministisch« primär Gesetze qualifiziert. Die Determinismusthese wird dann in einem zweiten Schritt als die Auffassung eingeführt, dass alle physikalischen Systeme und damit auch der Weltlauf von deterministischen Gesetzen regiert werden.

Nun ist die Rede von »regierenden« Naturgesetzen, denen wir »unterworfen« sind, metaphorisch. Naturgesetze sind im Unterschied zu sozialen, juristischen oder göttlichen Gesetzen keine Vorschriften. Sie schreiben niemandem vor, was zu geschehen hat, sondern sie *beschreiben* in systematisierter Form, was stets geschieht oder was stets der Fall ist. Die nichtpräskriptive Auffassung von Naturgesetzen ist wissenschaftsgeschichtlich nicht selbstverständlich; noch Descartes und Newton verstanden Naturgesetze als von Gott erlassene Regeln. Die *Façon de parler*, dass der Weltlauf durch deterministische Gesetze »regiert« wird, ist ein Relikt dieser Auffassung. Gemeint ist vernünftigerweise, dass der Weltlauf *unter diese Gesetze fällt*, also zutreffend durch sie beschrieben wird. Heute würde sich Laplace auf die *deduktiv-nomologische* Auffassung der wissenschaftlichen Erklärung berufen: Das Stattfinden eines Ereignisses wird erklärt, indem man Gesetze und Anfangsbedingungen auffindet, die, passend kombiniert, eine Beschreibung des Ereignisses zu deduzieren erlauben. Und der Weltlauf ist genau dann deterministisch, wenn aus deterministischen Gesetzen und der Beschreibung eines vollständigen Weltzustands Beschreibungen aller weiteren Weltzustände folgen.

In der Wissenschaftstheorie werden verschiedene Arten von Naturgesetzen unterschieden. Von besonderer Bedeutung ist hier die Unterscheidung zwischen *Koexistenzgesetzen* und *Sukzessionsgesetzen* beziehungsweise *Zustands-* und *Verlaufsgesetzen.* Der Determinismus macht eine Behauptung über den Weltlauf, also über die Abfolge von Ereignissen. Er kann seine modale Kraft daher nur aus einer bestimmten Art von Gesetzen beziehen, nämlich aus solchen, die von Ereignisverläufen handeln. Die Gesetze, denen der Weltlauf angeblich unterliegt, sind, etwas vereinfacht ausgedrückt, *Immer-wenn-dann*-Sätze der Form »Immer wenn etwas der Art A geschieht, dann geschieht danach etwas der Art B«. Nun haben die fundamentalen physikalischen Gesetze nicht diese Form. Newtons Gravitationsgesetz sagt nicht, dass jeder Körper, der aus einem Meter Höhe auf den Boden fällt, mit einer bestimmten Geschwindigkeit unten ankommt. Es sagt überhaupt nichts darüber, was tatsächlich geschieht. Es sagt etwas über das Verhältnis physikalischer Größen, nämlich darüber, wie die Gravitationskraft, die zwischen zwei Körpern besteht, sich zu ihren Massen und ihrem Abstand verhält. Boyles Gasgesetz sagt etwas über das synchrone Verhältnis von Volumen, Temperatur und Druck in einem idealen Gas. Solche Zustandsgesetze haben keine direkte deterministische oder auch nur kausale Interpretation.

Wenden wir uns nun der Frage zu, ob der universale Determinismus *wahr* ist. Man beginnt vernünftigerweise mit der Vorfrage, was über seine Wahrheit entscheiden würde. Wenn die modale Kraft des Determinismus aus ausnahmslosen Verlaufsgesetzen stammt, die den Weltlauf zutreffend beschreiben, dann scheint die Wahrheit des Determinismus davon abzuhängen, ob es die fraglichen Gesetze gibt. Damit ist nicht schon gesagt, dass jemand diese Gesetze kennen muss. Der Determinismus ist eine These darüber, was der Fall ist, keine darüber, was Menschen wissen. Möchte man die Doktrin des Determinismus nicht einfach dogmatisch behaupten, sondern als wahr erweisen oder zumindest plausibel machen, so wird man das eine oder andere der erforderlichen Naturgesetze präsentieren müssen. An dieser Stelle kommt die in der jüngeren Wissenschaftsphilosophie diskutierte *Gesetzesskepsis* ins Spiel. Die durch Nancy Cartwrights provozierend betiteltes Buch *How the Laws of Physics Lie* populär gewordene gesetzesskeptische These besagt, dass kein uneingeschränkt wahrer *Immer-wenn-dann*-Satz über empirische Regularitäten je präsentiert worden ist und dass auch wenig dafür spricht, dass es solche Gesetze überhaupt gibt. Alle Kandidaten für solche Gesetze würden nämlich durch Gegenbeispiele falsifiziert. Der Grund dafür ist schnell genannt: Es kann jederzeit passieren, dass just in dem Moment, wo das A-Ereignis eingetreten ist und das B-Ereignis folgen müsste, etwas dazwischenkommt. Da nun das Gesetz, als empirischer Allsatz, behauptet, dass jedes Mal, wenn die Bedingungen des Vordersatzes erfüllt sind, das im Nachsatz Beschriebene geschieht, muss ein solcher Fall als Falsifikation des Gesetzes angesehen werden.

Das Zugeständnis, dass physikalische Gesetze keine wahren Allaussagen über empirische Regularitäten machen, ist Naturwissenschaftlern schneller abgerungen, als viele Philosophen denken. Die gesetzesskeptische These ist leicht aufgestellt; die interessante Aufgabe besteht darin, die unweigerlich folgenden Ja-aber-Reaktionen zu parieren. In der Wissenschaftsphilosophie liegt eine ganze Palette von schadensbegrenzenden Gegenreden gegen die Gesetzesskepsis vor. Hier sind einige davon: Naturgesetze seien immerhin *approximativ* wahr. Oder: Sie seien keine Aussagen über empirische Gegenstände, sondern über *ideale* Gegenstände einer Modellwelt. Oder: Sie müssten durch *Ceteris-paribus*-Klauseln abgestützt werden. Oder: Sie müssten als *statistische* Verallgemeinerungen aufgefasst werden. Oder: Gesetze seien *dispositionale* Aussagen über das Verhalten, das Systeme in ungestörten Situationen zeigen *würden*. Oder: Gesetze seien nicht realistisch, sondern *instrumentalistisch* zu interpretieren, also als nützliche Werkzeuge.

Die Gegenreden gegen die Gesetzesskepsis sollen hier nicht weiterverfolgt werden. Es ging um den Laplace-Determinismus und dieser kann nur durch eine bestimmte Art von Gesetzen gestützt werden, nämlich durch empirische Verlaufsgesetze über tatsächlich Geschehendes. Die fundamentalen Naturgesetze, auf deren Entdeckung die Physiker mit Recht stolz sind, sind aber überhaupt keine Sukzessionsgesetze über Ereignisse, sondern Koexistenzgesetze über Universalien, Erhaltungssätze, Aussagen über Kräftegleichgewichte und Symmetriegesetze. Diese sind nicht kausal interpretierbar und es ist nicht zu sehen, wie sie den Weltlauf alternativlos fixieren und den Laplace-Determinismus stützen sollten. Wenn sie dies aber nicht tun, kommen sie auch nicht mit der Annahme einer wohlverstandenen Willensfreiheit in Konflikt.

Von besonderem Interesse ist indes eine weitere Gegenrede. Der Einwand, dass sämtliche Allaussagen über empirische Verläufe Ausnahmen unterworfen sind, also durch

Gegenbeispiele falsifiziert werden, dürfte sich einer zu einfachen Vorstellung davon verdanken, worin der empirische Gehalt physikalischer Verlaufsgesetze besteht. Vielleicht ist es von vornherein eine unvernünftige Erwartung, dass einzelne Verlaufsgesetze zutreffend beschreiben, was ausnahmslos geschieht. In der wirklichen Welt liegt stets eine *Überlagerung* physikalischer Kräfte vor und es ist kein Wunder, dass Gesetze, die einzelne dieser Kräfte oder Bewegungstendenzen beschreiben, nicht zugleich deren Zusammenwirken beschreiben können. Laplace hat dieses Problem vorausgesehen, denn in seiner Darstellung sind die Ursachen und Wirkungen nicht gewöhnliche Ereignisse, sondern komplette Weltzustände: »Wir müssen also den gegenwärtigen Zustand des Weltalls als die Wirkung seines früheren und als die Ursache des folgenden Zustands betrachten.«[33] Dieser Überlegung folgend lässt sich die Falsifikationsanfälligkeit gewöhnlicher Verlaufsgesetze auf den Umstand zurückführen, dass ihre Vorder- und Nachsätze keine vollständigen Weltzustände beschreiben. So hat Russell bündig festgestellt: »Alle Kausalgesetze sind Ausnahmen unterworfen, wenn die Ursache nicht den Zustand des ganzen Weltalls umfaßt.«[34]

Das Überlagerungsproblem macht den Grund dafür deutlich, warum die These des universalen Determinismus sich einer empirischen Überprüfung entzieht. Um den Determinismus wirklich auf den Prüfstand zu stellen, müsste man das Universum zweimal in exakt denselben Zustand versetzen können. Solange man dies nicht kann, lässt sich das unterschiedliche Verhalten eines Systems bei der Wiederholung eines Experiments stets den minimal unterschiedlichen Anfangs- oder Randbedingungen zuschreiben. Die Welt ist eben nur einmal da und besitzt keine Neustart-Taste. Der Determinist kann stets argumentieren, dass Gegenbeispiele, die vermeintlich Verlaufsgesetze falsifizieren, seine Doktrin nicht widerlegen. Und schlimmer noch: Je genauer wir einen Zustand im Vordersatz eines Verlaufsgesetzes spezifizieren, desto geringer ist die Wahrscheinlichkeit, dass sich der derart spezifizierte Zustand jemals wiederholt. Es besteht also ein inverser Zusammenhang zwischen der Genauigkeit einer Zustands- oder Ereignisbeschreibung und der Subsumtionsleistung des Gesetzes.[35]

Gleichwohl ist der Determinismus eng mit der Lehre von der *ewigen Wiederkehr des Gleichen* verbunden. Da der Weltlauf aber keine Neustart-Taste hat, lässt sich das Prinzip, dass Zustände sich in bestimmten Zeitabständen wiederholen, nur in einer kontrafaktischen Version aufrechterhalten. John Stuart Mill hat das Prinzip deshalb im Konjunktiv formuliert: »Wenn der ganze frühere Zustand des Universums wiederkehren könnte, so würde ihm der ganze jetzige Zustand folgen.«[36] Diese Behauptung lässt sich experimentell weder verifizieren noch falsifizieren und deshalb ist der laplacesche Determinismus eine metaphysische These, keine wissenschaftliche.

Laplace fingiert ein Supergesetz, welches alle Naturkräfte zusammenfasst, sodass es »in derselben Formel die Bewegungen der größten Weltkörper wie des leichtesten Atoms«[37] subsumieren würde. Die Pointe des Laplace-Determinismus besteht darin, dass *jeder beliebige* faktische Weltzustand gemeinsam mit diesem Supergesetz jeden anderen festlegt. Leider kennt niemand dieses Gesetz. Nach Popper soll aber der physikalische Determinismus, anders als die theologische Prädestinationslehre, »wie ein Ergebnis des Erfolgs der empirischen Naturwissenschaft aussehen, oder wenigstens so, als werde er durch sie gestützt«[38]. Bei Laplace ist das Verhältnis von metaphysischer These und empirischem Beleg nachgerade umgekehrt. Eine *Rechtfertigung* für den Determinismus bietet die bloße Versicherung, dass das fragliche Supergesetz existiert und der laplacesche Dämon es kennt, nicht. Indem man die Existenz des Gesetzes einfach postuliert, genießt man, wie Russell einmal in anderem Zusammenhang sagte, die Vorteile des Diebstahls gegenüber ehrlicher Arbeit.

Wenn man von der Wahrheit des Determinismus aus welchen Gründen auch immer schon überzeugt ist, könnte man die Karikatur eines deterministischen Gesetzes erzeugen, indem man die Beschreibungen zweier beliebiger Weltzustände *F* und *G* als Vorder- und Nachsatz in das Schema einer Gesetzesaussage einsetzt und damit *ex hypothesi* etwas Wahres sagt. Mit Wissenschaft hätte diese Karikatur freilich nichts zu tun.

Ich fasse den bisherigen Argumentationsgang noch einmal zusammen:

(1) Der Determinismus sagt, dass die Zukunft notwendig so sein wird, wie sie sein wird. Er geht über die Tautologie »Que sera, sera« hinaus.
(2) Dies wirft die Frage auf, woher die modale Kraft des Determinismus stammen soll.
(3) Im Rahmen eines wissenschaftlichen Weltbildes scheiden Gottes Wille und das Fatum als Modalitätsquellen aus, es bleiben die Naturgesetze.

(4) Nicht Naturgesetze jedweder Art sind zur Stützung des Determinismus geeignet, sondern nur solche, die Aussagen über empirische Ereignisfolgen machen oder implizieren. In Ermangelung einer anderen Modalitätsquelle steht und fällt der Determinismus mit der Annahme, dass der Weltlauf ausnahmslosen Verlaufsgesetzen unterliegt.
(5) Die Physik scheint keine ausnahmslos geltenden Gesetze über empirische Verläufe zu kennen. Die fundamentalen Naturgesetze sind von anderer Art.

Wenn der universale Determinismus eine metaphysische Doktrin ist, die sich durch empirische Belege weder als wahr erweisen noch widerlegen lässt, ist auch die sich auf den Determinismus berufende Bestreitung der Willensfreiheit eine metaphysische These, keine wissenschaftliche. Wir müssen uns an dieser Stelle mit dem Zwischenfazit begnügen, dass jedenfalls *eine* in der Freiheitsdebatte anzutreffende Stilisierung unhaltbar ist: die des Deterministen als eines Freundes der Wissenschaften, der die Empirie auf seiner Seite hat und mit der Fackel der Aufklärung dem unbelehrbaren Libertarier gegenübertritt, der sich an den metaphysischen Indeterminismus klammert, um seine Freiheit zu retten. Angesichts der Schwierigkeit, auch nur ein einziges empirisch wahres deterministisches Verlaufsgesetz anzugeben, drängt sich die Frage auf, was hier eigentlich der empirische Befund ist und was die metaphysische Behauptung. Der Wissenschaftstheoretiker Patrick Suppes geht so weit, die übliche Zuordnung umzukehren: »Free will, as exemplified in voluntary motion, is the hard empirical fact. Determinism [...] is the transcendental metaphysical assumption.«[39]

Einer anderen Argumentationslinie zufolge lässt sich der Determinismus zwar nicht beweisen, er sei aber eine unerlässliche Voraussetzung der Naturforschung. In diesem Zusammenhang wird oft die Auffassung Kants angeführt, dass das allgemeine Kausalprinzip (»Jedes Ereignis hat eine Ursache«) ein *regulatives* Prinzip sei, kein konstitutives. Es verpflichte den Naturwissenschaftler zur fortgesetzten Suche nach Ursachen, ohne zu garantieren, dass diese Suche in jedem Einzelfall erfolgreich ist. Dass ein Ereignis keine Ursache hat, lasse sich jedenfalls empirisch nie erweisen, denn ein scheinbar unverursachtes Ereignis könnte stets eine Ursache haben, die wir noch nicht gefunden haben.

Diese Argumentationslinie ist nur dann einschlägig, wenn man das Kausalprinzip mit dem Determinismus identifiziert. Viele Autoren verwenden »Kausalprinzip« und »Determinismusprinzip« in der Tat gleichbedeutend. Auch für Kant ist das allgemeine Kausalprinzip »Jedes Ereignis hat eine Ursache« gleichbedeutend mit dem Prinzip »Jedes Ereignis unterliegt ausnahmslosen Gesetzen«. Die Gleichsetzung von Kausalprinzip und Determinismus ergibt sich immer dann, wenn eine *Gesetzesauffassung der Kausalität* vertreten wird, genauer: wenn zusätzlich zum allgemeinen Kausalprinzip die kausalitätstheoretische These vertreten wird, dass eine Kausalbeziehung zwischen zwei Ereignissen genau dann besteht, wenn es ein deterministisches Kausalgesetz gibt, das den fraglichen Fall subsumiert.

Kant hielt die Gesetzesauffassung der Kausalität für alternativlos. Er sah sie sogar als analytisch im Kausalbegriff enthalten an: »Der Begriff der Ursache [...] erfordert durchaus, daß etwas A von der Art sei, daß ein anderes B daraus *notwendig und nach einer schlechthin allgemeinen Regel* folge.«[40] Die Annahme eines analytischen, also begrifflichen Zusammenhangs zwischen Kausalität und Gesetzmäßigkeit entspricht aber nicht unserer kausalen Urteilspraxis in Alltag und Wissenschaft. In der Wissenschaftsphilosophie sind mittlerweile verschiedene Theorien der Kausalität entwickelt worden, die ohne deterministische Verlaufsgesetze auskommen, beispielsweise kontrafaktische, interventionistische und Transfertheorien.[41]

Warum ist es für die Freiheitsdebatte wichtig, ob das Determinismusprinzip mit dem Kausalprinzip identisch ist oder nicht? Es ist mindestens deshalb wichtig, weil einige Libertarier die Freiheit zwar mit dem Determinismus für unvereinbar halten, hingegen nicht mit der universalen Geltung des Kausalprinzips. Robert Kane, der profilierteste Vertreter dieser Position, bestreitet nicht, dass Handlungen und Entscheidungen Ursachen haben, nur hätten sie keine *deterministischen* Ursachen. Kane stützt sich auf eine nichtdeterministische Konzeption der Ereigniskausalität, ohne sie allerdings auszuarbeiten. Und da die anderen beiden Spielarten des Libertarismus – die akausale und die akteurskausale – von schwerwiegenden Einwänden betroffen sind,[42] ist die Unterscheidung von Kausalprinzip und Determinismusprinzip für inkompatibilistische Freiheitsauffassungen von großer Bedeutung.

Zurück zum Argument, dass der Determinismus, wiewohl unbeweisbar, ein der Naturwissenschaft zugrunde liegendes regulatives Prinzip sei: Es ist richtig, dass man aus der Nichtangebbarkeit deterministischer Gesetze und Ursachen nicht auf deren Nichtexistenz schließen kann. Es ist eine vernünftige Haltung, sich nicht mit im Prinzip

Unerklärlichem abzufinden. Dass allein deterministische Kausalerklärungen als Erklärungen zählen, ist aber eine Zusatzbehauptung, die eigens begründet werden müsste. Zum Geist wissenschaftlicher Forschung dürfte die Annahme gehören, dass alles in der Welt mit rechten Dingen zugeht und dass es keine Wunder gibt. Diese Annahmen sind aber viel schwächer als die These des universalen Determinismus.

Der Determinismus ist keine wissenschaftliche Theorie über einen bestimmten Gegenstandsbereich, sondern eine empirisch nicht überprüfbare These über den Weltlauf als Ganzen. Wenn man sich heute mit dem laplaceschen Determinismus auseinandersetzt, zieht man sich leicht den Vorwurf zu, man führe Debatten des 19. Jahrhunderts. In den aktuellen Debatten um die menschliche Willensfreiheit, die stark durch die Lebenswissenschaften geprägt sind, ist mit der Berufung auf deterministische Zusammenhänge in der Regel nicht der universale Determinismus gemeint, sondern *bereichsspezifische* Determinismen wie der genetische oder der neuronale.

Wie verhalten sich diese bereichsspezifischen Determinismen zum universalen? Könnte einer von ihnen wahr sein, selbst wenn der universale es nicht ist? Eine kurze Überlegung sollte zeigen, dass dies nur unter einer Bedingung möglich wäre: Es müsste innerhalb des Universums kausal abgeschlossene Systeme geben, also Systeme, die nicht mit ihrer Umwelt interagieren und somit nicht durch Umwelteinflüsse gestört werden können. Nur dann wäre es möglich, dass etwa die Arbeitsweise von Gehirnen durch bereichsspezifische deterministische Verlaufsgesetze korrekt beschrieben wird. Die Formulierung schwächerer

Korrelationen stützt keinen Determinismus, auch keinen bereichsspezifischen. Insbesondere würde es nicht ausreichen, dass zum Beispiel eine bestimmte genetische oder physiologische Ausstattung ein Lebewesen zu bestimmtem Verhalten *disponiert*. Man nennt solche disponierenden Faktoren zwar manchmal *Determinanten*, aber solange nicht außerdem festgelegt ist, wann und wo sich welche Disposition manifestiert, sind die Bezeichnungen »genetischer Determinismus« und »neuronaler Determinismus« verfehlt. Man übersieht das leicht, weil in der Wissenschaft, und erst recht in der Populärwissenschaft, mit dem Attribut »deterministisch« überaus nachlässig umgegangen wird. Man spricht von »deterministischen Theorien« und »deterministischen Gesetzen« und bemerkt nicht die große Lücke zu der empirischen Behauptung, dass das entsprechende System sich tatsächlich deterministisch verhält. Deterministische Theorien und Gesetze lassen sich leicht aufstellen. Hier geht es aber um die zusätzliche Behauptung, dass es in der Welt deterministisch zugeht, oder auch nur in einem Bereich der Welt, etwa im Gehirn. Diese Lücke ist in der wissenschaftsphilosophischen Literatur verschiedentlich bemerkt worden: Es besteht »a large gap between the determinism of a given physical theory, and the bolder, vague idea that motivated the traditional formulations: the idea that the world in itself is deterministic«[43].

Die Verwechslung des Determinismus mit schwächeren Formen der kausalen Bestimmung wird in den Lebenswissenschaften durch den Gebrauch einiger typischer Verben verdeckt. Es gibt eine Reihe von ›weichen‹ Kausalverben, die Determinationsverhältnisse ausdrücken, die Art der

Determination aber im Dunkeln lassen: Bestimmte Faktoren *steuern* das Verhalten, Gehirnvorgänge *bedingen* Handlungen, Gene *prägen* die Persönlichkeit, Entscheidungen *beruhen auf* neuronalen Prozessen. In diese Reihe gehören noch *beeinflussen, kontrollieren, bestimmen, auslösen, zu etwas führen*. Allen diesen Verben ist gemeinsam, dass sie weniger implizieren als strenge naturgesetzliche Determination, aber offenlassen, wie viel weniger. Dieses weiche Kausalidiom ist in Theorien der empirischen Humanwissenschaften weit verbreitet. Das ist kein Makel; zu beanstanden ist es indes, wenn die besagten weichen Verben gleichwohl mit freiheitswiderlegender Konnotation eingesetzt werden. Diesen rhetorischen Effekt – Suggestion eines Freiheitshindernisses, ohne dass ein echter Determinismus vertreten würde – gilt es zu durchschauen. Inkompatibilismus ist die Lehre von der Unvereinbarkeit des Determinismus mit der Willensfreiheit, nicht mehr und nicht weniger. Dass selbst das Verb »determinieren« und das Substantiv »Determinante« gebraucht werden können, ohne dass der Sprecher eine deterministische Position vertritt, zeigt an, wie marginal die Bedeutung des universalen Determinismus für die humanwissenschaftliche Forschung tatsächlich ist. Empirisch arbeitende Wissenschaftler wissen das; es ist eine bittere Ironie, wenn diese geläufige Einsicht ausgerechnet in der Freiheitsdebatte nicht zum Tragen kommt.

In der jüngeren deutschen Willensfreiheitsdebatte wird unverdrossen und meist unwidersprochen behauptet, »dass es auch bei den hochstufigen Prozessen in unserem Gehirn, die für die Steuerung unseres Verhaltens zuständig sind, deterministisch zugeht«[44], ohne dass die schwierige Frage, worin ein empirischer Nachweis der Wahrheit des Determinismus bestehen könnte, auch nur in den Blick genommen würde. Der Determinismus wird nicht belegt, sondern nur behauptet, und als einzige Alternative zu ihm werden dualistische Auffassungen ausgegeben, die Energieerhaltungssätze verletzen und zusätzliche, mysteriöse Kausalitätsarten einführen. Dem Libertarier wird unterstellt, er nehme kausale Eingriffe immaterieller Seelensubstanzen in die Körperwelt an. Ferner werden synchrone mit diachroner Determination verwechselt, Verursachung mit physischer Realisierung, Theorien mit dem, was sie beschreiben. Diese philosophischen Fehler werden indes mit empirischen Befunden vermengt, was eine Auseinandersetzung mit den tatsächlichen Befunden der Neurowissenschaften erschwert.

Gleichwohl muss die Relevanz der neurowissenschaftlichen Forschungsergebnisse für das Freiheitsproblem geprüft werden.[45] Von der unklaren und spekulativen These des neuronalen Determinismus ist dabei kein großer Erkenntnisgewinn zu erwarten.

Das Vereinbarkeitsproblem

Das Vereinbarkeitsproblem besteht in der Frage, ob Freiheit und Determiniertheit einander ausschließen oder nicht. Die Lehre der Vereinbarkeit nennt sich in der Gegenwartsphilosophie *Kompatibilismus*, die der Unvereinbarkeit *Inkompatibilismus*.

Wie in der Einleitung bereits erwähnt, ist die einfache Gegenüberstellung dieser beiden Positionen problematisch, da Kompatibilisten und Inkompatibilisten typischerweise nicht denselben Freiheitsbegriff zugrunde legen. Der Kern des inkompatibilistischen Freiheitsbegriffs ist das So-oder-anders-Können unter gegebenen Bedingungen. Kompatibilisten verstehen »Freiheit« weniger anspruchsvoll. Viele von ihnen nennen einen Willensentschluss dann frei, wenn er ohne Zwang und äußere Hindernisse zustande gekommen ist. Als »klassischen Kompatibilismus« bezeichnet man die freiheitstheoretischen Auffassungen von Hobbes und Hume; manchmal werden auch Locke und Mill hinzugezählt. Diese Autoren verstehen unter Freiheit die ungehinderte Ausübung der Fähigkeit, zu tun, was man will. Man kann sagen, dass Freiheit im klassischen Kompatibilismus zwei Elemente umfasst: (1) das Vermögen, seinen Willen handelnd zu verwirklichen, und (2) die Abwesenheit von Zwang und äußeren Hindernissen bei der Ausübung dieses Vermögens.

Diese Erläuterung provoziert den Einwand, dass von Willensfreiheit hier gar nicht die Rede sei, sondern nur von Handlungsfreiheit. In der Tat sagen viele Kompatibilisten ausdrücklich, dass allein unsere Handlungen frei genannt werden können, nicht hingegen der Wille. Auch in Humes berühmter Freiheitsdefinition scheint nur von Handlungsfreiheit die Rede zu sein, also davon, dass man das, was man will, auch tun kann: »Unter Freiheit können wir somit nur *eine Macht, zu handeln oder nicht zu handeln, entsprechend den Entschlüssen des Willens,* verstehen.« Diese »bedingte Freiheit«, fügt Hume hinzu, werde »allgemein jedem zugestanden, der kein Gefangener ist und in Ketten liegt«[46]. Vom Willen ist im klassischen Kompatibilismus nur insofern die Rede, als das Tun vom Willen abhängt. Freies Handeln ist willensgemäßes Handeln. Die kompatibilistische Pointe steckt für Hume darin, dass Handlungen nicht unverursacht sein müssen, um frei zu sein, sondern auf die richtige Art verursacht, nämlich durch innere, mentale Ursachen.

Als Ahnherr des Kompatibilismus wird gelegentlich Aristoteles angesehen. »Unfreiwillig« nennt Aristoteles ein Handeln, das »aus Zwang oder Unwissenheit geschieht«[47]. Zieht man den Umkehrschluss, dass alle anderen Handlungen als frei zu gelten haben, so erhält man die Auffassung des klassischen Kompatibilismus: Alle nicht erzwungenen Handlungen sind frei, und seien sie naturgesetzlich determiniert. Aristoteles' Auffassung zur Vereinbarkeitsfrage ist aber schwer einzuschätzen, weil er keinen Begriff der naturgesetzlichen Determination im modernen Sinne verwendet. Er spricht von »Notwendigkeit«, aber diese Notwendigkeit speist sich, wie später bei den Stoikern, aus einer anderen Modalitätsquelle, nämlich aus der Natur der beteiligten Substanzen. Mit der Natur der Dinge ist jedoch, wie oben am Beispiel des fallenden Steines beschrieben, nur eine *bedingte* Notwendigkeit verbunden. Außerdem ist ein laplacescher Determinist der Auffassung, dass der Wahrheitswert von Aussagen über die Zukunft seit Anbeginn der Zeiten feststeht. Aristoteles scheint dies im »Seeschlacht«-Kapitel der Schrift *Peri Hermeneias* zu bestreiten.[48]

Zum klassischen Kompatibilismus wird oft auch John Locke gerechnet. Nach Locke besteht die menschliche Freiheit zunächst darin, dass »wir imstande sind, zu handeln oder nicht zu handeln, je nachdem wie wir wählen oder wollen«[49]. Mit dieser Formulierung beschränkt er die Freiheit, wie für Kompatibilisten üblich, auf die Handlungsfreiheit. Nun nimmt Locke aber zusätzlich noch ein *Suspensionsvermögen* an, was seine Zuordnung zum Kompatibilismus problematisch macht. Der Mensch verfüge über ein Vermögen des Innehaltens, über »die Kraft, die Verfolgung dieses oder jenes Wunsches zu unterbrechen«[50]. Diese Fähigkeit schaffe Raum für vernünftige Überlegung, nämlich für eine gründliche Prüfung der Frage, ob die Handlung tatsächlich vollziehenswert ist. Locke fügt hinzu: »Hier scheint mir die Quelle aller Freiheit zu liegen; hierin scheint mir das zu bestehen, was man (meines Erachtens unzutreffend) den *freien Willen* nennt.«[51] Den Willen »frei« zu nennen sei deshalb unpassend, weil sowohl der Wille als auch die Freiheit Vermögen (*powers*) seien. Vermögen könnten aber keine weiteren Vermögen besitzen, das könnten nur Akteure, denen allein man Freiheit im Wortsinn zuschreiben könne.[52]

Seinen Determinismus formuliert Locke nicht als naturgesetzlichen, sondern als psychologischen, nämlich als Aussage über die Natur der menschlichen Psyche. Es liege in unserer Natur, stets Lust beziehungsweise die Vermeidung von Unlust anzustreben, wobei der Wille vom jeweils »drängendsten Unbehagen« bestimmt werde.

Zu fragen ist, ob Locke mit Recht dem Kompatibilismus zugerechnet wird. Auch wenn wir nicht wählen können, welche Antriebe oder Impulse wir in uns vorfinden, kann man den Passus zum Suspensionsvermögen kaum anders auslegen, als dass es von unserer vernünftigen Überlegung abhängt, welche dieser Impulse handlungswirksam werden. Diese Abhängigkeit kann ein Determinist aber nur dann zugeben, wenn er die vernünftige Überlegung ihrerseits als determiniert auffasst. Die zu klärende Frage wäre also, ob die rationale Bestimmung durch Gründe dieselbe Notwendigkeit oder Unausweichlichkeit besitzt wie die kausale Determination durch Naturgesetze und Anfangsbedingungen. Wenn dies der Fall ist, ist der Ausgang der Überlegung prädeterminiert, und Locke sähe sich dem Einwand ausgesetzt, dass die Rede vom Suspensionsvermögen eine bloße *Façon de parler* wäre. Locke erörtert diese Frage allerdings nicht näher, weil er von vornherein keinen Konflikt zwischen rationaler Determination und Freiheit sieht. Als Argument dafür findet sich nur die polemische Bemerkung: »Wenn Freiheit, wahre Freiheit, darin besteht, daß man sich von der Leitung der Vernunft losreißt [...], dann sind Tolle und Narren die einzig Freien.«[53] Diese Bemerkung stellt aber einen Themenwechsel dar. Umstritten ist zwischen Kompatibilisten und Libertariern nicht, ob Menschen sich von vernünftigen Gründen leiten lassen sollten, sondern ob das Überlegen in Wirklichkeit ein naturgesetzlicher Mechanismus mit determiniertem Ausgang ist. Im letzteren Fall wäre aus inkompatibilistischer Sicht das Vermögen des Prüfens, Akzeptierens oder Verwerfens eines Grundes eine bloße Illusion, denn nichts davon stünde beim Überlegenden.

Einige Autoren sprechen in der Tat von einem *rationalen Determinismus*. Wenn der Ausgang einer Überlegung tatsächlich durch die Qualität der Gründe determiniert wäre, gehörte der Mensch gleich zwei deterministischen Ordnungen an, einer kausalen und einer rationalen. Dass vernünftige Gründe ebenso alternativlos determinieren wie ein naturgesetzlicher Zusammenhang, ist aber empirisch falsch. Menschen schlagen durchaus manchmal gute Gründe in den Wind, während sie nicht die Fähigkeit besitzen, den Naturgesetzen zuwiderzuhandeln. Die Eigenart der noch so starken rationalen Motivation gegenüber der naturgesetzlichen Determination drückt Habermas' Formel vom »zwanglosen Zwang des besseren Arguments« aus.

Zusammengefasst: Locke benennt mit dem Suspensionsvermögen ein Freiheitsmerkmal, das auch viele Libertarier als zentral ansehen, er zeigt aber nicht, wie dieses Vermögen mit dem physikalischen oder mit dem psychologischen Determinismus verträglich sein soll.

Als prototypischer Kompatibilist gilt David Hume, der das Wort von einem »Vereinbarungsprojekt« geprägt hat. Zu dieser Einstufung ist zunächst zu bemerken, dass Humes Auffassung von der Regelmäßigkeit der Natur deutlich hinter dem laplaceschen Determinismus zurückbleibt. Als Empirist fragt Hume nicht danach, was kausale Verknüpfungen ihrem Wesen nach sind, sondern danach, auf welche Weise wir die Begriffe von Ursache und Wirkung erwerben. Seine Antwort lautet, dass wir aufgrund wiederholter Beobachtung gleichartiger Fälle eine Assoziationsgewohnheit ausbilden, nämlich die Gewohnheit, »beim Auftreten des einen Ereignisses dessen übliche Begleiterscheinung zu erwarten«[54]. Für die Ausbildung dieser

Erwartung reicht nach Hume jedoch eine begrenzte Gleichförmigkeit aus, und mehr biete die Natur auch nicht: »Gleichförmigkeit in jeder Einzelheit gibt es nirgends in der Natur.«[55] Von ausnahmslosen deterministischen Verlaufsgesetzen sind Humes Regelmäßigkeiten also weit entfernt. Deshalb ist die Einstufung Humes als klassischen Kompatibilisten erstaunlich. Um ein Kompatibilist zu sein, muss man zwar nicht notwendig den Determinismus für wahr halten, aber man muss seine Vereinbarkeitsbehauptung auf den Determinismus beziehen und nicht auf etwas ungleich Schwächeres.

Bemerkenswert ist schließlich, dass Hume zwar keinen echten Determinismus vertritt, seinem Gegner aber einen extremen Indeterminismus unterstellt, nämlich die völlige Abwesenheit irgendeiner »Gleichförmigkeit im menschlichen Handeln«, was es unmöglich machen würde, »irgendwelche allgemeinen Beobachtungen über die Menschheit zu sammeln«[56] und aus Erfahrungen induktive Schlüsse zu ziehen. Dieser rhetorische Trick wird in der Literatur nur selten durchschaut: Hume stellt die Verneinung des Determinismus als die extreme Auffassung dar, dass es in der Welt völlig chaotisch zugeht und dass Menschen nicht einmal minimal stabile Charakterzüge aufweisen. Dies ist eine Verzerrung der Gegenposition, die viele Interpreten davon ablenkt, dass Hume selbst nur an eine begrenzte Gleichförmigkeit der Natur glaubt.

Es lässt sich folgendes Zwischenfazit ziehen: Da das Verständnis von »frei« und »determiniert« zwischen Libertariern und Kompatibilisten stark schwankt, ist die Vereinbarkeitsbehauptung als solche theoretisch unterbestimmt. Nachdem im vorigen Kapitel die These des laplaceschen

Determinismus erörtert wurde, drängt sich die Einschätzung auf, dass viele der Philosophen, die dem klassischen Kompatibilismus zugerechnet werden, keine klaren Vertreter dieser Position sind. Um in einem theoretisch anspruchsvollen Sinn Kompatibilist zu sein, müsste man die Vereinbarkeit der Freiheit mit dem »echten« Determinismus erweisen. Ebendies ist für die britischen Empiristen alles andere als klar. Sie formulieren ihren Determinismus als psychologische These über die begrenzte Gleichförmigkeit der menschlichen Natur. Das Verhältnis dieser These zur Behauptung, dass Anfangsbedingungen und physikalische Gesetze den Weltlauf alternativlos festlegen, wird nicht geklärt.

Im 20. Jahrhundert hat der Kompatibilismus beständig an Terrain gewonnen. Einflussreiche Kompatibilisten der ersten Jahrhunderthälfte waren George Edward Moore, Moritz Schlick und Alfred Jules Ayer. Alle drei verstanden unter Freiheit die Fähigkeit, den eigenen Willen zu verwirklichen, also Handlungsfreiheit, während sie das zusätzliche Verlangen nach Willensfreiheit für irregeleitet hielten. Ein Leitmotiv des Kompatibilismus ist die Diagnose von Verwechslungen: Die einschlägigen Verwechslungen, insbesondere die von Verursachung und Zwang, müssten beseitigt werden, dann verschwinde der Anschein der Unvereinbarkeit von allein. Die Grenzen zwischen dem Kompatibilismus und der Auffassung, dass es sich beim Freiheitsproblem um ein Scheinproblem handelt, sind deshalb fließend. Schon Hume hat in diesem Sinne behauptet, »dass alle Menschen von jeher über die Lehre von Notwendigkeit und Freiheit einig gewesen sind, wenn man diesen Ausdrücken einen vernünftigen Sinn gibt, und dass sich die ganze bisherige Kontroverse bloß um Worte gedreht hat«[57].

Kein Kompatibilist möchte hingegen von der Rede lassen, dass Handelnde etwas *können*, denn der Verzicht auf die Annahme von Fähigkeiten wäre eine enorme Abweichung von unseren Alltagsauffassungen. So kann es nicht verwundern, dass ein Hauptstrang der neueren Kompatibilismusdebatte mit der Klärung des Sinns von »Können« und »Anderskönnen« befasst ist. Ein wegweisender Beitrag dazu stammt von George Edward Moore. In seinem 1912 erschienenen Buch *Ethics* nähert sich Moore dem Vereinbarkeitsproblem über eine Bedeutungsanalyse der Aussage »Er hätte anders handeln können«. Die Analyse nimmt ihren Ausgang von der Feststellung, dass das Wort »können« mehrdeutig ist. Es sei daher möglich, dass es in einem bestimmten Sinn von »können« zutrifft, dass jemand hätte anders handeln können, als er tatsächlich gehandelt hat, in einem anderen Sinn hingegen nicht. Moores Behauptung lautet nun, dass es mindestens einen relevanten Sinn von »Er hätte anders handeln können« gibt, in dem mit dem Satz etwas Wahres gesagt wird, und genau diese Wahrheit sei mit dem Determinismus vereinbar.

Diesen Sinn bringe die sogenannte *konditionale Analyse* des Könnens ans Licht. Moores Beispielsatz lautet: »Ich hätte heute Morgen zwei Meilen in zwanzig Minuten laufen können.« Dieser Satz sei zu analysieren als: »Ich wäre heute Morgen zwei Meilen in zwanzig Minuten gelaufen, wenn ich mich dazu entschieden hätte.« Diese Aussage scheint nun mit dem Determinismus (Moore sagt: mit dem Kausalprinzip) vereinbar zu sein, denn sie sagt nichts darüber, *ob* es unter den gegebenen Bedingungen möglich gewesen wäre, dass ich mich anders entscheide. Der Grundgedanke der konditionalen Analyse des Könnens findet sich übrigens schon bei Augustinus, später dann bei Leibniz, im britischen Empirismus und bei Schopenhauer.

Moore hat recht mit dem Hinweis, dass das Hilfsverb »können« verschiedene Arten von Möglichkeit ausdrücken kann. In dem Satz »Es kann sein, dass Schweine fliegen können« kommt das Verb zweimal vor. Nur beim zweiten Vorkommen bezeichnet es eine Fähigkeit: Dass Schweine fliegen können, ist gleichbedeutend damit, dass sie die Fähigkeit haben zu fliegen. Im Satzteil »Es kann sein« ist »kann« hingegen nicht durch »ist fähig« ersetzbar. Halten wir also fest: »Können« drückt manchmal eine echte Fähigkeit aus, manchmal nicht. Und Moore macht auf den wichtigen Unterschied zwischen solchen Handlungen aufmerksam, die im Bereich der Fähigkeiten einer Person liegen, und solchen, die es nicht tun.

Ob der Sinn von »Ich hätte anders handeln können« durch »Ich hätte es getan, wenn ich mich dazu entschieden hätte« richtig wiedergegeben ist, ist in der Literatur umstritten. Doch selbst wenn man Moores Analyse akzeptiert, wäre die Frage der Vereinbarkeit mit dem Determinismus noch nicht beantwortet. Die konditionale Analyse des Anderskönnens wirft die Anschlussfrage auf, ob der Handelnde denn anders hätte *entscheiden* können. Es tritt also eine Problemverschiebung ein. Moores Antwort lautet, dass wir uns sehr wohl auch anders hätten entscheiden können, was nämlich nichts anderes bedeute als: dass »wir uns so entschieden haben würden, wenn wir uns entschieden hätten, diese Entscheidung zu treffen«[58]. Moore wendet mithin seine konditionale Analyse des Könnens einfach ein zweites Mal an, diesmal auf »entscheiden können«. Es liegt auf der Hand, dass ihm dieser Zug nur eine kurze Atempause gewährt, denn der Freiheitsfreund wird nun fragen, ob dem Entscheider denn seine erste Entscheidung freistand. Moore könnte die Antwort ein weiteres Mal verschieben, dann ergibt sich ein Regressproblem. Das Problem lässt sich auch so ausdrücken, dass der unbefangene Freiheitsfreund schließlich am Anderskönnen *unter gleichen Bedingungen*, also bei identischer Vorgeschichte, interessiert ist. Dass jemand anders gehandelt hätte, wenn die Bedingungen – zum Beispiel die vorangegangene Überlegung und Entscheidung – anders gewesen wären, ist keine Behauptung, die zwischen Libertariern und Kompatibilisten umstritten wäre.

Moores konditionale Analyse des Könnens versucht, einen determinismusverträglichen Sinn von »Anderskönnen« zu retten. In einer deterministischen Welt gilt, dass der Lauf der Dinge zu einem bestimmten Zeitpunkt nur dann hätte anders sein können, als er tatsächlich war, wenn er sich schon vorher verzweigt hätte. Das Problem für den Deterministen ist nun, dass die besagte Schwierigkeit nach jeder Vorverlegung des fingierten Abweichungspunktes erneut auftritt: Der Determinist ist gezwungen, die Abweichung vom Tatsächlichen immer weiter vorzuverlegen. Man kann deshalb sagen, dass der Hinweis, die Abweichung hätte schon früher geschehen müssen, aus dem Munde eines Deterministen unredlich ist. Tatsächlich ist er ja der Auffassung, dass die Abweichung überhaupt nicht geschehen konnte: Nicht jetzt, nicht gestern und nicht in grauer Vorzeit konnte etwas anderes als das Tatsächliche geschehen. Nichts hätte bei Annahme des Determinismus jemals anders sein können, wenn nicht schon die gesamte Vergangenheit oder die Naturgesetze anders gewesen wären.

Wenn wir aber niemals annehmen dürfen, dass in einer gegebenen Situation mehrere Möglichkeiten des Weiterverlaufs bestehen, wird auch der Sinn des *Fingierens* alternativer Geschehensverläufe fragwürdig. Der mooresche Kompatibilist behauptet zwar, dass wir mit »Anderskönnen« meinen, dass jemand unter bestimmten kontrafaktischen Bedingungen – wenn er sich nämlich zuvor anders entschieden hätte – anders gehandelt hätte. Wenn er aber als Determinist zugleich behauptet, dass diese Bedingungen niemals erfüllt sein konnten, da ihr Bestehen durch Naturgesetze und Anfangsbedingungen ausgeschlossen war, ist seine Auffassung gleichbedeutend damit, dass die Person in der gegebenen Situation eben nicht anders handeln konnte.

Die Reichweite von Moores Argumentation lässt sich erst einschätzen, wenn man neben dem Können im Sinne von »Fähigkeit« auch die anderen involvierten Arten von Möglichkeit und Unmöglichkeit berücksichtigt. »Können« kann verschiedene Arten von Möglichkeit ausdrücken, ebenso kann »nicht können« verschiedenartige Unmöglichkeiten ausdrücken. Drei Arten von Unmöglichkeit sind hier zu unterscheiden:

(a) *Logische* oder *begriffliche Unmöglichkeit*: »Es kann nicht sein, dass *p*« kann bedeuten, dass *p* logischen Gesetzen oder begrifflichen Wahrheiten widerspricht. Dass wir der Logik »unterworfen« sind und deshalb zum Beispiel einen Kuchen nicht zugleich essen und aufbewahren können, wird allgemein als nicht freiheitsgefährdend angesehen.

(b) *Naturgesetzliche Unmöglichkeit*: Dass etwas Bestimmtes nicht der Fall sein oder nicht geschehen kann, kann zweitens bedeuten, dass es den Naturgesetzen widerspricht, genauer: dass es durch Naturgesetze und Anfangsbedingungen ausgeschlossen ist. Von dieser Art Unmöglichkeit handelt die These des universalen Determinismus.

(c) *Praktische Unmöglichkeit*: Der dritte Sinn von »nicht können« drückt fehlende Fähigkeit oder fehlende Gelegenheit aus. Moore konnte hundert Meter nicht in zehn Sekunden laufen; diese Unmöglichkeit beruhte auf kontingenten Tatsachen, nicht auf logischen oder physikalischen Gesetzen. Die praktische Unmöglichkeit hat noch einmal zwei Komponenten: Neben der Fähigkeit, die Moore nicht besaß, hätte es der äußeren Gelegenheit bedurft, denn auch ein Weltklassesprinter kann diese Leistung nicht auf weichem Sand oder in Skistiefeln erbringen.

Wenn nun der Kompatibilismus wahr sein soll, dann muss die naturgesetzliche Unmöglichkeit, dass jemals etwas anderes geschieht als das Tatsächliche, also (b), mit dem Umstand vereinbar sein, dass Menschen etwas können, also Fähigkeiten im Sinne von (c) besitzen. Dass Menschen etwas können, darf für den Kompatibilisten nicht bedeuten, dass es in ihrer Macht steht, ob etwas Bestimmtes geschieht oder nicht, denn dies widerspräche dem Determinismus.

Moore ist der Auffassung, dass die Möglichkeit im Sinne von Fähigkeit trotz der naturgesetzlichen Unmöglichkeit bestehen bleiben kann. Diese Auffassung gehört zum Kernbestand kompatibilistischer Freiheitsauffassungen. Aber hat Moore auch ein Argument dafür? Der Determinismus ist ja eine universale These über die naturgesetzliche Fixierung des gesamten Weltlaufs, alle menschlichen Entscheidungen und Handlungen eingeschlossen. Die Modalitäten (a), (b) und (c) bestehen zusammen in ein und derselben Welt und plausiblerweise bilden sie eine hierarchische Struktur. Man würde beispielsweise in Bezug auf eine logisch unmögliche Handlung gar nicht erst fragen, ob sie denn wenigstens naturgesetzlich oder praktisch möglich sei. Logische Unmöglichkeit übertrumpft gewissermaßen die Naturgesetze und unsere Fähigkeiten. Man kann noch so lange trainieren und wird doch nichts Selbstwidersprüchliches tun können.

Zweitens begrenzt das naturgesetzlich Mögliche unsere praktischen Fähigkeiten. Niemand kann schneller reisen als das Licht oder etwas anderes tun, was den Naturgesetzen widerspricht. Wenn nun, wie der Determinismus behauptet, Anfangsbedingungen und Naturgesetze den Weltlauf alternativlos fixieren, dann ist nicht zu sehen, wie durch unsere praktischen Fähigkeiten plötzlich wieder Alternativen ins Spiel kommen können sollten. Wiewohl »können« nicht überall dasselbe bedeutet, werden durch die Zuschreibung von Fähigkeiten die anderen Bedingungen – logische und naturgesetzliche – nicht hinfällig. Damit ich fähig bin, etwas Bestimmtes zu tun, darf dies in *keinem* Sinne von »unmöglich« ausgeschlossen sein. Ich kann ja nichts *tun*, was in der Welt aktuell nicht *geschehen* kann. Erst wenn alle Bedingungen – logische, naturgesetzliche und praktische – gemeinsam erfüllt sind, ist es mir möglich, in einer gegebenen Situation eine bestimmte Handlung auszuführen.

Moores Argument, dass es zumindest einen Sinn von »können« gebe, in dem Menschen auch in einer deterministischen Welt anders hätten handeln können, greift also zu kurz. Allein indem man sich auf einen in der normalen Sprache etablierten Sinn von »können« beruft, hebelt man nicht den Umstand aus, dass naturgesetzliche Unmöglichkeit andere, schwächere Möglichkeiten verschließt. In unserer gewöhnlichen Rede über Fähigkeiten ist schon präsupponiert, also stillschweigend unterstellt, dass sich unsere Fähigkeiten im Bereich der Naturgesetze und der logischen Gesetze bewegen. Dass es nicht immer eigens erwähnt wird, zeigt nur, wie selbstverständlich diese Unterstellung ist. Wird behauptet, dass jemand in der gegebenen Situation anders hätte entscheiden können, so sagt man damit im Normalfall, dass es *nichts* gab, was eine andere Entscheidung unmöglich gemacht hätte – nicht mangelnde Fähigkeiten, nicht die Naturgesetze, nicht die Gesetze der Logik.

Das bedeutet keineswegs, dass Fähigkeiten dadurch verloren gehen, dass sie nicht in jeder Situation ausgeübt werden können. Wenn wir dem Rockgitarristen, der auf der Bühne sein einziges Instrument zertrümmert hat, weiterhin die Fähigkeit zusprechen, Gitarre zu spielen, nehmen wir an, dass ihm aktuell allein die *Gelegenheit* dazu fehlt. Anders liegt der Fall, wenn er sich dabei die Hand verstaucht hat. Sprechen wir ihm auch hier weiterhin die Fähigkeit zum Gitarrespielen zu, so setzen wir voraus, dass die Verletzung irgendwann einmal überwunden sein wird.

Das Argument aus den nichtausgeübten Fähigkeiten

stützt den Kompatibilismus nicht, denn in einer deterministischen Welt liegt der Fall grundlegend anders: Dort sind die Hindernisse für die Fähigkeitsausübung weder zeitlich begrenzt noch überwindbar. Das Vermögen des So-oder-anders-Entscheidens kann in einer deterministischen Welt niemals ausgeübt werden. Jeder Mensch hätte immer nur diejenige Entscheidung treffen können, die er tatsächlich getroffen hat.

Eine einflussreiche Neubegründung des Kompatibilismus hat 1962 Peter Strawson unternommen. Strawson ist ein Vertreter des *agnostischen* Kompatibilismus, also derjenigen Position, die bezüglich der Wahrheit des Determinismus indifferent bleibt. Strawson behauptet sogar, nicht einmal genau zu wissen, was die These des Determinismus besagt. Dieses Eingeständnis hat die rhetorische Funktion, dem Leser die Irrelevanz der Determinismusfrage nahezubringen. Strawsons Thema sind unsere moralischen Haltungen und Reaktionen wie Dankbarkeit, Wohlwollen, Übelnehmen, Verachtung oder Zuneigung, die wir gegenüber anderen Personen und ihren Handlungen einnehmen, sowie unsere Praktiken des Tadelns und Lobens, Strafens und Belohnens, in denen diese Haltungen ihren Ausdruck finden. Ein frei handelndes Wesen zu sein bedeutet dann, ein geeignetes Objekt für die genannten »nichtdistanzierten« Haltungen zu sein. Diese Haltungen und Praktiken sind überdies in reziproke Verhältnisse eingebettet, sie sind »natürliche menschliche Reaktionen auf den guten oder bösen Willen oder die Gleichgültigkeit anderer uns gegenüber, wie sie in *ihren* Haltungen und Handlungen sich zeigt«[59].

Ein Fortschritt gegenüber dem klassischen Kompatibilismus besteht darin, dass bei Strawson Belohnung und Strafe nicht mehr sozialtechnologisch verkürzt werden. Frühere Kompatibilisten sehen Strafe und Belohnung allein dadurch gerechtfertigt, dass sie das Verhalten anderer erfolgreich beeinflussen. Strawson verankert unsere moralischen Haltungen als nicht begründungsbedürftige Reaktionen in der menschlichen Natur und gelangt damit über diese instrumentalistische Deutung hinaus.

Strawsons Hauptthese lautet, dass dieses Geflecht von Haltungen und Praktiken eine Lebensform bildet, die wir nicht als Ganzes aufgeben könnten, selbst wenn wir den Determinismus für wahr hielten. Darin besteht sein Kompatibilismus: in der Behauptung, dass unser Festhalten an diesen Haltungen und Praktiken nicht die Widerlegung des Determinismus erfordere. Dabei bestreitet Strawson nicht, dass wir unsere teilnehmende, nichtdistanzierte Einstellung im Einzelfall durch eine objektive ersetzen können. Wir machen kleine Kinder oder psychisch gestörte Personen zum Objekt sozialer Techniken wie Erziehung, Therapie oder Konditionierung. Aber die Einnahme einer objektiven Haltung ist eben nicht der Normalfall, sondern der begründungsbedürftige Ausnahmefall, und die Begründung kann nach Strawson nicht der Determinismus sein. Der Determinismus ist eine universale These und begründet gerade nicht die Ausnahme von der Regel.

Welchen Ertrag Strawsons Argumentation zur Begründung oder Plausibilisierung des Kompatibilismus erbringt, ist nicht ohne Weiteres klar. Rekapitulieren wir die Hauptthesen:

- Wir nehmen nichtdistanzierte Einstellungen gegenüber anderen Menschen ein, ohne intensiv über Determinismus nachgedacht zu haben, oft auch ohne genau zu wissen, was die These des Determinismus eigentlich besagt.
- Wir könnten diese Einstellungen und Praktiken nicht insgesamt aufgeben, selbst wenn wir dies aus theoretischen Gründen für richtig hielten, denn unsere Lebensform radikal zu ändern liegt nicht in unserer Natur.
- Wenn wir in bestimmten Fällen eine Person wegen mangelnder Zurechnungsfähigkeit entschuldigen, dann ist unser Grund dafür nicht der Glaube an den universalen Determinismus.

Die zentrale Stellung der These der *Unaufgebbarkeit* unserer Haltungen und Praktiken verführt dazu, Strawsons Argumentation gegen den Strich zu lesen, denn diese These ist ja nicht charakteristisch für den Kompatibilismus. Dass wir unsere auf nichtdistanzierten Haltungen beruhende Lebensform nicht einfach aufgeben könnten, selbst wenn wir es wollten, zeigt noch nicht, dass wir den Determinismus ernstlich für wahr halten können. Dafür müsste unabhängig argumentiert werden, was Strawson als agnostischer Kompatibilist aber nicht tut.

Ein Libertarier wird Strawsons Überlegung einfach umdrehen: Dass wir jemanden für das, was er getan hat, loben oder tadeln, beruht auf der Annahme, dass er eine Wahl hatte. Der Handelnde hat eine von mehreren Möglichkeiten ergriffen – diese Annahme bringt jedenfalls jeder mit, der noch nicht durch kompatibilistische Philosophie belehrt worden ist. So betrachtet, spricht der Umstand, dass wir unsere moralischen Reaktionen nicht nach Belieben abstellen können, dafür, dass wir auch die Annahme, dass Menschen sich im Normalfall auch anders hätten entscheiden können, nicht einfach aufgeben können. Das wiederum würde bedeuten, dass wir den Determinismus, der ja die direkte Negation des Bestehens alternativer Möglichkeiten ist, gar nicht ernsthaft für wahr halten können. Strawson hat recht, dass wir im Alltag wie vor Gericht Menschen verantwortlich machen oder entschuldigen, ohne einen Gedanken an den Determinismus zu verschwenden. Aus diesem Umstand schließen agnostische Kompatibilisten, dass unsere Praktiken auch in einer deterministischen Welt gerechtfertigt wären. Zwischen beiden Behauptungen besteht jedoch eine große Lücke.

Zu der schwierigen Frage, wie man sich menschliche Entscheidungen und Handlungen ohne das Bestehen alternativer Möglichkeiten vorzustellen hat, nimmt Strawson überhaupt nicht Stellung. Dazu passt, dass er den genauen Sinn nicht nur der Determinismusthese, sondern auch der libertarischen Gegenposition offenlässt. Nur der Schlusssatz seines Aufsatzes, in dem er sich gegen den »Rekurs auf die obskure und panikhafte Metaphysik der libertarischen Willensfreiheit«[60] wendet, deutet an, dass Strawson offenbar Standardeinwände gegen die libertarische Freiheitskonzeption teilt, ohne sie dem Leser allerdings darzulegen. – Strawsons Argumentation hat viele Anhänger gefunden, sodass man heute von den »reactive attitude theories« als einer eigenen Spielart des Kompatibilismus spricht.

Die gemeinsame Auffassung aller Kompatibilisten, dass das Bestehen alternativer Möglichkeiten im Sinne einer objektiven Nichtdeterminiertheit des Weltverlaufs für Freiheit nicht erforderlich ist, lässt die Frage offen, welche Bedingungen denn dann erfüllt sein müssen, um von Freiheit zu sprechen. Nachzutragen ist also das positive Freiheitsverständnis des Kompatibilismus. Handlungen und Entscheidungen sind aus kompatibilistischer Sicht nicht indeterminiert, sondern müssen *auf geeignete Art determiniert* sein, um als frei zu gelten. Eine Handlung muss dem klassischen Kompatibilismus zufolge vom Willen des Handelnden abhängen, nicht von anderen Determinanten. Aristoteles nennt Zwang und Unwissenheit als Faktoren, die eine Handlung unfreiwillig machen. Diese kurze Liste haben andere Philosophen verlängert: Auch innere Zwänge wie Psychosen, starke Affekte, Süchte und verfestigte Gewohnheiten schränkten die Freiheit der Willensbildung ein. Hier besteht allerdings eine theoretische Spannung innerhalb des Kompatibilismus, denn Humes Bestimmung der Freiheit als einer Fähigkeit, »zu handeln oder nicht zu handeln, entsprechend den Entschlüssen des Willens«[61], schließt diese Faktoren nicht aus. Innere Zwänge ändern ja nichts an der geforderten Abhängigkeit der Handlung vom Willen, auch wenn sie zweifellos die Fähigkeit beeinträchtigen, seinen Willen selbstständig und reflektiert zu bilden.

Um dieses Problem der mangelnden Sensibilität des klassischen Kompatibilismus für innere Zwänge zu lösen, hat Harry Frankfurt den Bezug auf *höherstufige Wünsche* vorgeschlagen. Menschen haben nicht bloß gewöhnliche Wünsche, sondern auch Wünsche, die sich auf diese Wünsche erster Ordnung richten. Beispielsweise mag ein Alkoholiker zwei Wünsche zugleich haben: den Wunsch, Alkohol zu trinken, und den Wunsch, dass er diesen Wunsch nicht hätte. Er würde seine Alkoholsucht viel lieber überwinden, doch ändert dieser höherstufige Wunsch nichts an seinem dringenden Wunsch, hier und jetzt etwas zu trinken. Frankfurt spricht davon, dass ein solcher Süchtiger sich nicht mit seinen Wünschen erster Ordnung *identifiziert.*[62] Eben dies sei aber für Willensfreiheit zusätzlich erforderlich. Es dürfe beim Akteur keinen Konflikt zwischen seinen Wünschen erster und denen höherer Ordnung geben. Man nennt diese Auffassung eine *Theorie der hierarchischen Motivation.*

In der Debatte über Frankfurts Vorschlag ist schnell deutlich geworden, dass die Übereinstimmung zwischen den Wünschen erster und zweiter Ordnung nicht genügt. So könnte ein Mitglied einer Sekte durchaus den Wunsch zweiter Ordnung haben, stets das zu wünschen, was die Sekte von ihm fordert, ohne über *diesen* Wunsch jemals nachgedacht zu haben. Auch Wünsche zweiter Stufe können also unreflektiert sein, sie können beispielsweise durch subtile Manipulation erzeugt worden sein. Muss man also zusätzlich eine dritte Ebene fordern, auf der der Akteur sich mit seinen Wünschen zweiter Ordnung identifiziert? Hier droht ein Regress. Die Diskussion darüber, ob es den hierarchischen Motivationstheorien gelingt, diesen Regress abzuwenden, ist bis heute nicht abgeschlossen. Es gibt auch Kompatibilisten, die von Manipulationsargumenten unbeeindruckt sind und die Auffassung vertreten, dass es »für unsere Freiheit nicht darauf ankommt, woher unsere Überzeugungen, Werte usw. kommen, sondern nur darauf, was wir daraus machen«.[63]

Libertarische Freiheit: Wir können auch anders

Der Inkompatibilismus, also die Lehre der Unvereinbarkeit von Willensfreiheit und Determinismus, verhält sich neutral zu der Frage, ob der Determinismus wahr ist. Er kann also mit beiden Auffassungen kombiniert werden: Der sogenannte *harte Determinismus* hält den Determinismus für wahr und Freiheit für nicht existent. Dem *Libertarismus* zufolge verhält es sich umgekehrt: Der Wille ist frei, der Determinismus ist falsch.

Der harte Determinismus und andere freiheitsskeptische Positionen werden in der jüngeren fachphilosophischen Diskussion nur selten vertreten. Es gibt nicht viele Gegenwartsphilosophen, die die Existenz selbst einer kompatibilistisch konzipierten Freiheit rundheraus bestreiten. Aus der bloßen Tatsache, dass es sich beim harten Determinismus um eine Radikalposition handelt, folgt natürlich nicht, dass sie nicht wahr oder gut begründet sein kann. Aber diese Tatsache verschiebt zumindest die Begründungslast. Und der harte Determinist hat zu erklären, wie es zu der tief verankerten, in unsere gewöhnliche Zuschreibungspraxis eingebauten Freiheitsannahme kommen konnte, die gleichwohl eine systematische Täuschung sein soll.

Auch unter den Freiheitsskeptikern gibt es nur wenige, die die undankbare Aufgabe auf sich nehmen wollen, die Wahrheit des Determinismus nachzuweisen. Entsprechend überwiegen im freiheitsskeptischen Lager mittlerweile *agnostische* Positionen, also solche, die es dahingestellt sein lassen, ob wir in einer deterministischen Welt leben. So bestreiten Galen Strawson, Derk Pereboom und Neil Levy die Freiheit unabhängig von einer Entscheidung in der Determinismusfrage. Willensfreiheit sei sowohl unter deterministischen wie unter indeterministischen Bedingungen unmöglich. Man nennt diese Auffassung auch *Freiheitspessimismus* oder *harten Inkompatibilismus.*

Im Zentrum der *libertarischen* Freiheitsauffassung steht das So-oder-anders-Können unter gegebenen Bedingungen. Nach libertarischer Auffassung steht zu keinem Zeitpunkt vor dem tatsächlichen Handlungsbeginn fest, ob die Handlung stattfinden wird. Es gibt, mit anderen Worten, vor Handlungsbeginn keine kausal hinreichenden Bedingungen für das Stattfinden der Handlung. Der Person ist es stets noch möglich, die Handlung zu unterlassen, weiterzuüberlegen und sich umzuentscheiden. Die Unvereinbarkeit dieser Auffassung mit dem Determinismus scheint offensichtlich, denn dieser behauptet ja, dass der gesamte Weltlauf seit Menschengedenken und darüber hinaus durch Anfangsbedingungen und Naturgesetze festgelegt ist.

Libertarier sprechen zum einen von *alternativen Möglichkeiten*, zum anderen vom *Anders-handeln-Können.* Es liegt nahe, entsprechend zwei Versionen des Prinzips der alternativen Möglichkeiten zu unterscheiden, eine allgemeine und eine auf Handlungen bezogene. Das allgemeine Prinzip betrifft den Weltlauf als Ganzen und sagt, dass zu einem gegebenen Zeitpunkt stets verschiedene Möglichkeiten des Weiterverlaufs bestehen. Das für Handlungen spezifizierte Prinzip wird meist in der Vergangenheitsform formuliert und sagt, dass ein Akteur unter den gleichen Bedingungen hätte anders handeln können. Es liegt auf der

Hand, dass das Anders-handeln-Können eine Spezifizierung des allgemeinen Prinzips ist und dass wir nur dann so oder anders handeln können, wenn auch der Weltlauf Verzweigungsmöglichkeiten enthält, denn unsere Handlungen sind ja Teil des Weltlaufs. Wenn es wahr sein soll, dass jemand hätte anders handeln können, muss auch gelten, dass anderes hätte *geschehen* können.

Interessanterweise gibt es in der Debatte kaum explizite Argumente zugunsten des So-oder-anders-Könnens. Der Grund dafür ist, dass die meisten Libertarier das Freiheitsmerkmal des Anderskönnens schon durch unsere gewöhnliche Rede über Handlungen und Entscheidungen impliziert sehen: Wenn wir eine Entscheidung treffen, ergreifen wir eine von mehreren offenen Möglichkeiten. Der Akteur hätte sich auch dazu entscheiden können, die Handlung zu unterlassen. In einer deterministischen Welt, die keine Verzweigungsmöglichkeiten bietet, dürfte man aus inkompatibilistischer Sicht nur von Quasi-Entscheidungen und Quasi-Handlungen sprechen.

Ein Argument, das diese begriffliche Intuition zugunsten des Inkompatibilismus zumindest expliziert, ist das sogenannte *Konsequenzargument*. Es wurde vom Libertarier Peter van Inwagen ausführlich entwickelt und besteht in einer stark vereinfachten Form aus zwei Prämissen und einer Konklusion:

(P1) Wenn der Determinismus wahr ist, folgen unsere Handlungen aus Naturgesetzen und Ereignissen der fernen Vergangenheit.

(P2) Es steht nicht in unserer Macht, die Naturgesetze oder die Ereignisse der fernen Vergangenheit zu ändern.

(K) Also stehen auch die kausalen Konsequenzen der Vergangenheit und der Naturgesetze nicht in unserer Macht, unsere eigenen Handlungen eingeschlossen.[64]

Was ist durch dieses Argument gewonnen? Es beansprucht, aus allseits akzeptierten Prämissen eine Folgerung abzuleiten, die der Kompatibilist zwar ablehnt, die er aber vernünftigerweise nicht ablehnen dürfte. Wenn er es gleichwohl tut, scheint er eine der beiden Prämissen ablehnen zu müssen.

Die erste Prämisse ist nur eine Erläuterung oder eine direkte Konsequenz aus der These des Determinismus. Der Determinismus ist eine universale Behauptung über den Weltlauf. Unsere Handlungen sind Teil des Weltlaufs, also unterliegen auch sie der Determination durch Naturgesetze und Anfangsbedingungen. Die zweite Prämisse ist zweiteilig: Dass wir die Vergangenheit nicht ändern können, ist unkontrovers. Dass wir die Naturgesetze nicht ändern können, sollte ebenfalls unkontrovers sein, wenn man sich klarmacht, was gemeint ist. Nach van Inwagen ist gemeint, dass wir ein Naturgesetz nicht *falsch machen* können. Wir können zwar Gesetzeshypothesen *als falsch erweisen* – das verstehen Philosophen gewöhnlich unter »falsifizieren« –, doch niemand kann Wahres in Falsches verwandeln. Anders gesagt: Was auch immer wir als falsch erweisen, es kann kein Naturgesetz gewesen sein, denn wir nennen nur wahre Aussagen Naturgesetze.

Das Konsequenzargument ist kein Argument für den Libertarismus, sondern eines für die Unvereinbarkeitsthese. Van Inwagen vertritt als Libertarier die Auffassung, dass die Konklusion falsch ist und dass man daraus auf die

Falschheit der ersten Prämisse, also des Determinismus, rückschließen kann. Wenn man schon davon überzeugt ist, dass Handlungen in der Macht der Handelnden stehen, wird man das Argument entsprechend umdrehen: Mein Handeln steht in meiner Macht, dies ist bei Annahme des Determinismus nur möglich, wenn die Naturgesetze oder die Vergangenheit anders wären. Beides ist nicht möglich, also muss der Determinismus falsch sein. So argumentiert beispielsweise der Libertarier Roderick Chisholm:

> »Aber wenn nun die Handlung, die er *vollzog*, eine Handlung war, die *nicht* zu vollziehen auch in seiner Macht stand, dann hätte sie nicht verursacht oder determiniert sein können durch irgendein Ereignis, hinsichtlich dessen es nicht wiederum in seiner Macht stand, es herbeizuführen oder nicht herbeizuführen.«[65]

Obwohl diese Überlegung schwer von der Hand zu weisen ist, sehen Kompatibilisten das Anderskönnen unter gegebenen Bedingungen als eine kühne These an. Man kann vermuten, dass die übliche retrospektive Formulierung des Anderskönnens dabei eine Rolle spielt (»Hätte er anders handeln können?«). Dieser Bezug auf die Vergangenheit bringt eine zusätzliche Komplikation ins Spiel, die mit der Freiheitsannahme nichts zu tun hat, nämlich den Umstand, dass man die Vergangenheit nicht ändern kann. Dieser Umstand wird auch von Inkompatibilisten akzeptiert, ist aber für das Anderskönnen irrelevant. Unsere Fähigkeiten richten sich immer auf die Zukunft, nicht auf die Vergangenheit. Bei der Erläuterung des Anderskönnens nimmt man daher besser auf die Gegenwart mit ihren gegebenen Umständen Bezug: Wir handeln stets in bestimmten Umständen. Diese Umstände sind, wie sie sind, und können nicht zugleich anders sein. Das Vermögen, zu entscheiden und zu handeln, haben wir entweder in diesen Umständen oder wir haben es überhaupt nicht. Es dient deshalb der Klarheit, das Anderskönnen im Präsens zu formulieren. Wer bestreitet, dass eine Person jemals »unter identischen Umständen« anders hätte entscheiden können, der bestreitet auch, dass sie jetzt, unter den gegebenen Umständen, so oder anders entscheiden kann.

Die vortheoretische Intuition, dass das So-oder-anders-Können eine offene, beeinflussbare Zukunft erfordert, wird von kompatibilistischer Seite nur selten direkt angegriffen. Es überwiegen indirekte Argumente, vor allem solche, die die Kosten des libertarischen Anderskönnens vor Augen führen. Die Ablehnung der libertarischen Freiheitsauffassung hat offenbar zusätzliche Gründe, die mit internen Schwierigkeiten des Libertarismus zusammenhängen. Viele Kritiker bezweifeln den Nutzen des Indeterminismus für die Freiheitsannahme, ohne selbst überzeugte Deterministen zu sein. Die wichtigste Rolle spielt in diesem Zusammenhang der *Zufallseinwand*: Eine indeterminierte Wahl, so wird dem Libertarier entgegengehalten, könne auch nicht vom Handelnden oder durch Vernunftgründe bestimmt sein. Sie wäre von einem Zufallsereignis ununterscheidbar. Eine bloß zufällig geschehende Handlung nütze aber dem Libertarier nichts, denn sie wäre kein Ausdruck von Freiheit, sondern von Irrationalität.

Neben dem Zufallseinwand, der uns noch beschäftigen wird, gibt es eine Reihe von Einwänden gegen den Libertarismus, die auf verzerrten Darstellungen seiner Position beruhen. In der jüngeren Freiheitsdebatte wird das definierende Merkmal der libertarischen Freiheit, das So-oder-anders-Können unter gegebenen Bedingungen, mit einer Reihe von Zusatzbehauptungen verknüpft, die dem Libertarier unterstellt werden, um die Absurdität seiner Auffassung zu erweisen. Hier sollen vier dieser *Mythen über den Libertarismus* diskutiert werden.

(1) Der Mythos der Unbedingtheit: *Libertarische Freiheit ist Freiheit von allen Bedingungen.*

Ein freier Wille, wie der Libertarier ihn fordere, ist nach dieser Auffassung ein durch nichts bedingter Wille. Insbesondere sei er unabhängig von den Einstellungen und dem Charakter der wollenden Person. In Peter Bieris Freiheitsbuch wird ein solcher durch nichts bedingter Willensentschluss, der auf beliebige Weise ausfallen kann, ausführlich beschrieben und kritisiert.[66] Ein Wille, der keinerlei Bedingungen unterläge, ist nach Bieri nicht bloß illusorisch, er ist auch nicht wünschenswert. Freiheit, die es sich zu haben lohnt, ist etwas anderes als ein kapriziöses Vermögen der blinden Wahl.

Versteht man unter unbedingter Freiheit die Fähigkeit, losgelöst von seinen psychischen Dispositionen grundlos zu wählen, so kann man Bieri darin zustimmen, dass dies keine erstrebenswerte Art von Freiheit ist. Schon Hume hat argumentiert, dass eine solche Freiheit die Zurechnung von Handlungen gerade unmöglich mache: Damit man einer Person ihre Entschlüsse und Handlungen zurechnen könne, müsse die Person eine gewisse charakterliche Stabilität aufweisen.[67] Wir tadeln und loben ja nicht die Taten selbst, sondern Personen für ihre Taten, und wir möchten dadurch das künftige Verhalten der Person beeinflussen.

Unter den Mythen des Libertarismus führe ich die Lehre vom unbedingten Willen auf, weil kein libertarischer Philosoph von Rang sie vertritt. Auch bei Bieri wird das Phantom des unbedingt freien Willens nur eloquent heraufbeschworen, nicht aber aus der philosophischen Freiheitsdebatte entwickelt. Am nächsten kommt der Idee der grundlosen Wahl noch der *acte gratuit* im französischen Existenzialismus, aber auch dort handelt es sich eher um einen literarischen Topos als um eine philosophische These. Gide, Breton, Sartre und Camus waren fasziniert von dem unmotivierten, bedenkenlos und gleichsam spielerisch ausgeführten Verbrechen, Gide prägte dafür den Begriff des *acte gratuit*. Bezeichnenderweise ist auch Bieris Gewährsmann eine literarische Figur, nämlich Dostojewskis Mörder Raskolnikow. Um einen Beitrag zur Vereinbarkeitsdebatte zu leisten, wäre zu zeigen, dass die Abwesenheit einer laplaceschen Determination gleichbedeutend mit der Annahme eines im beschriebenen Sinne unbedingt freien Willens ist, sodass der Libertarier auf diese Annahme verpflichtet wäre. Diejenigen, die den Mythos der unbedingten Freiheit pflegen, entziehen sich dieser Aufgabe, indem sie – wie Bieri – ihren Determinismusbegriff im Unklaren lassen.

(2) Der Mythos des Dualismus: *Libertarier bestreiten, dass Personen und ihre Entscheidungen Teil der natürlichen Welt sind.*

Behauptet wird also, dass Libertarier dem Geist-Körper-Dualismus anhängen. So referiert der Hirnforscher Gerhard Roth die libertarische Freiheitsauffassung wie folgt: »Der freie Akt darf natürlich selbst nicht wieder zerebral bedingt sein, sondern muß völlig immateriell, d. h. ohne jede Hirnaktivität vor sich gehen.«[68] Wenn der Libertarier behaupte, dass die freie Wahl einer Person nicht durch Vorgänge in ihrem Gehirn »bedingt« sei, dann sei er offenbar Dualist. Wolf Singer schreibt: »Verschaltungen legen uns fest: Wir sollten aufhören, von Freiheit zu sprechen. [...] Keiner kann anders, als er ist.«[69] Was ist hier schiefgelaufen? Es wurde der *synchrone* Sinn von »determinieren«, »festlegen« oder »bedingen« mit dem *diachronen*, kausalen Sinn dieser Ausdrücke verwechselt. Dasjenige Festlegen, von dem der Determinismus spricht, ist ein Vorgang in der Zeit. Dasjenige Festgelegtsein, von dem Roth und Singer hier sprechen, ist hingegen eine Beziehung zwischen einem mentalen Ereignis und seinem zeitgleichen neuronalen Korrelat oder Substrat. Die Verwechslung der beiden Arten von »Determination« führt zur Identifikation des neuronalen Korrelats eines mentalen Ereignisses mit dessen Ursache. Zwischen einem mentalen Ereignis und seinem zeitgleichen Korrelat kann es aber keine Kausalbeziehungen geben, weder in der einen noch in der anderen Richtung. Mentale Ereignisse sind nach allem, was wir wissen, physisch realisiert, doch diese Realisierungsbeziehung hat mit dem Determinismus nichts zu tun und ist als solche auch nicht freiheitsgefährdend. Tatsächlich ist das Anderskönnen des Libertariers kein Anderskönnen gegenüber einem aktuellen physiologischen Geschehen, was absurd wäre, sondern es ist ein Anderskönnen bei gegebener Vorgeschichte. Niemand kann Gegenwärtiges anders sein lassen, als es nun einmal ist. Umstritten zwischen Deterministen und Libertariern ist vielmehr, ob die Welt von einem gegebenen Punkt an in Abhängigkeit von einer Entscheidung auf mehr als eine Weise weiterverlaufen kann.

Die Erforschung neuronaler Korrelate des Mentalen ist somit für das Freiheitsproblem irrelevant, solange nicht zusätzlich ein echter Determinismus vertreten wird. Noch einmal: Warum sollte der Umstand, dass mentale Prozesse physisch realisiert sind, dass also in meinem Gehirn etwas vorgeht, während ich etwas denke oder will, meine Freiheit gefährden? Wer hier einen Widerspruch sieht, der gründet seine Freiheit tatsächlich auf den Dualismus. Manche Debattenteilnehmer tun das, aber wir sollten dabei bleiben, sie Geist-Körper-Dualisten zu nennen. Libertarier müssen diese Auffassung nicht vertreten.

(3) Der Mythos der lokalen Kausallücke: *Für freie Entscheidungen muss es eine spezielle Art von neuronaler Indeterminiertheit geben, also Determinationslücken in Hirnprozessen, in die der freie Wille hineinstoßen kann.*

Dies ist eine Auffassung, die durch Epikur und Descartes bekannt geworden und in Verruf gekommen ist. Nach Epikur lässt die Natur geringe »willkürliche« Bahnabweichungen der Seelenatome zu. Nach Descartes ist die Zirbeldrüse so locker im Gehirn aufgehängt, dass an dieser Stelle, und nur dort, der Geist auf die Körperwelt einwirken kann. Im 20. Jahrhundert hat eine Reihe von Physikern und Philosophen, angefangen mit Pascual Jordan, dafür argumentiert, dass der quantenmechanische Indeterminismus die libertarische Freiheit ermögliche. Mehrheitlich ist allerdings die Auffassung, dass Quantensprünge uns frei machen, mit Hohn und Spott überzogen worden, wobei der

Zufallseinwand die zentrale Rolle gespielt hat. Wie sollten, so fragte Erwin Schrödinger schon 1936, bloße Zufallsereignisse unsere Freiheit gewährleisten? Und wie schafft es der Geist, seine Entscheidungen zeitlich exakt in die minimalen Kausallücken zu platzieren, deren Auftreten schließlich unvorhersehbar ist?

Der Auffassung, es müsse für freie Entscheidungen eine spezielle Art von neuronaler Indeterminiertheit geben, liegt ein Missverständnis über die Natur des Determinismus und entsprechend des Indeterminismus zugrunde. Wer nach einer *speziellen* Art von Indeterminiertheit bei freien Entscheidungen sucht, scheint *allgemein* den Determinismus für wahr zu halten. Ebendiese Auffassung wird dem Libertarismus auch von seinen Kritikern zugeschrieben: »Die Idee der Willensfreiheit mutet uns zu, in einem ansonsten deterministisch verfaßten Bild von der Welt lokale Löcher des Indeterminismus zu akzeptieren.«[70] Für eine solche Annahme eines an passender Stelle durchlöcherten Determinationszusammenhanges bedürfte es entsprechender empirischer Belege. Nun ist aber der Laplace-Determinismus ein universales Prinzip, das seiner Natur nach keine Ausnahmen zulässt. Entsprechend stellt auch dessen Negation, nämlich der Indeterminismus, kein lokal begrenztes Prinzip dar. Indeterminismus – und vielleicht sollte man besser vom Nichtdeterminismus sprechen – ist nichts anderes als die Auffassung, dass der laplacesche Determinismus nicht wahr ist, dass also der Weltlauf nicht durch ausnahmslose Verlaufsgesetze und Anfangsbedingungen ein für alle Mal fixiert ist. In einer nichtdeterministischen Welt sind nicht einige Weltzustände determiniert und andere nicht, sondern kein Weltzustand ist es, weil es in einer solchen Welt keine laplaceschen Determinationsbeziehungen gibt. In der mechanistischen Uhrwerksmetapher ausgedrückt: Ein Libertarier muss keine Lücken im ansonsten kraftschlüssigen Räderwerk annehmen, wenn es schon dieses Räderwerk nicht gibt.

Der Mythos der lokalen Kausal- oder Determinationslücken ist so tückisch, weil er so nahe an der Wahrheit ist. Wer partout von Lücken sprechen will, kann dies tun, er muss nur erklären, was er damit meint. Die Rede von Lücken könnte einfach eine Reformulierung der Rede von offenen Möglichkeiten sein. Lücken sind dann diejenigen möglichen Verläufe, die nicht durch Naturgesetze und Anfangsbedingungen ausgeschlossen sind. Eine dieser offenen Möglichkeiten zu ergreifen hieße dann, seine Handlung in eine »Determinationslücke« zu platzieren.

Behauptet nun der Indeterminismus als globale Doktrin, dass die Welt sich vollständig aus Determinationslücken im besagten Sinne zusammensetzt? Nein, aus einem wohlverstandenen Indeterminismus folgt nicht, dass jederzeit Beliebiges geschehen kann. Auch wenn diejenigen ausnahmslosen Verlaufsgesetze, die den Determinismus stützen sollen, sich nicht vorweisen lassen, bleibt vieles durch Naturgesetze ausgeschlossen. Zum Beispiel ist es, soweit wir wissen, naturgesetzlich unmöglich, dass jemand sich schneller als das Licht bewegt. Naturgesetze fasst man am besten als *Restriktionen* auf, die einige Möglichkeiten verschließen, aber viele andere offenlassen. Alles, was nicht naturgesetzlich unmöglich ist, bleibt möglich: Unter der Voraussetzung, dass den Naturgesetzen Genüge getan ist, gibt es nicht noch einmal einen Mechanismus, der Spielräume vernichtet. Nichts anderes behauptet der hier vertretene Indeterminismus, nämlich die Abwesenheit einer Vorrichtung, die alle möglichen Verläufe bis auf einen verschließt. Es kann daher keine Rede davon sein, dass der Libertarier die Naturgesetze leugnet oder für durchlöcherbar hält. Vielmehr weist er auf den Umstand hin, dass die naturgesetzlichen »constraints from physics are only partial constraints. There is much freedom left after they are satisfied.«[71]

(4) Der Mythos des unbewegten Bewegers: *Nach libertarischer Auffassung können frei wählende Personen Wunder bewirken oder sind erste Beweger, die Kausalketten in Gang setzen.*

In beiden Fällen, so der Einwand weiter, bestreiten Libertarier die kausale Geschlossenheit der Körperwelt bzw. die Geltung physikalischer Erhaltungssätze.

Beginnen wir mit der Behauptung, Libertarier hielten Wunder für möglich. Ein Wunder ist nach Hume ein Verstoß gegen ein Naturgesetz. Dass niemand Naturgesetze falsch machen kann, glaubt der Libertarier auch, denn dies ist die zweite, von ihm geteilte Prämisse des Konsequenzarguments für den Inkompatibilismus. Der Streit geht um die Frage, ob man Naturgesetze falsch machen können *müsste*, um Willensfreiheit zu besitzen. Dies wäre nur der Fall, wenn man den Determinismus schon als wahr voraussetzt, also behauptet, die Naturgesetze seien so, dass sie stets alle Optionen bis auf eine verschließen. Solange keines dieser Gesetze vorgewiesen wird, sollte der Libertarier von dieser Behauptung nicht allzu beeindruckt sein. Menschen können Naturgesetze in der Tat nicht falsch machen, denn in den Gesetzesbegriff ist das Merkmal des Wahrseins schon eingebaut: Nur wahre Gesetzesaussagen nennt man Naturgesetze. Menschen können hingegen sehr wohl Gesetzeskandidaten *als falsch erweisen*. Durch eine solche Falsifikation wird gezeigt, dass etwas, was man für ein Gesetz hielt, keines war, sondern nur eine Gesetzeshypothese. Wunder sind dafür nicht erforderlich.

Die Behauptung, dass Libertarier Handelnde als *Erste Beweger* auffassen, die Kausalketten in Gang setzen, ist nicht so leicht zurückzuweisen, denn in der Tat gibt es prominente Libertarier, die dies vertreten haben. Der Akteurskausalist Roderick Chisholm spricht dieses große Wort gelassen aus: »Jeder von uns ist, wenn wir handeln, ein erster, seinerseits unbewegter Beweger.«[72] Bei Kant gibt es ähnliche Formulierungen: Wir hätten das Vermögen, »mitten im Laufe der Welt verschiedene Reihen, der Kausalität nach, von selbst anfangen zu lassen« und also »aus Freiheit zu handeln«[73]. Diese Formulierungen sind interpretationsbedürftig. In der neueren Literatur sind drei kausalitätstheoretische Interpretationen des Libertarismus unterschieden worden. Das Anderskönnen unter gegebenen Umständen können Libertarier *nichtkausal*, *akteurskausal* oder *indeterministisch ereigniskausal* auffassen:

- *Akausalisten* behaupten, dass freie Entscheidungen oder freie Handlungen keine Ursachen haben.
- *Akteurskausalisten* behaupten, dass Entscheidungen oder Handlungen durch Akteure verursacht werden.
- *Indeterministische Ereigniskausalisten* behaupten, dass Entscheidungen und Handlungen auf nichtdeterministische Weise durch Ereignisse verursacht werden.

Die Lehre von der *akausalen* Freiheit gibt dem Einwand Nahrung, dass der Libertarismus mit einem wissenschaftlichen Weltbild unvereinbar sei. Entscheidungen und Handlungen sind ja Ereignisse oder gehen jedenfalls mit solchen einher. Das allgemeine Kausalprinzip lautet in Kants Formulierung: »Jedes Ereignis hat eine Ursache.« Wenn nun der Libertarier behauptet, dass Entscheidungen oder Handlungen unverursacht geschehen, so bestreitet er das allgemeine Kausalprinzip. Dieses Prinzip ist aber nach Kant eine Bedingung der Möglichkeit der Erfahrung.

Nun ist das Kausalprinzip nicht mit dem Determinismusprinzip identisch. Dass jedes Ereignis eine Ursache hat, ist nicht gleichbedeutend damit, dass jedes Ereignis unter deterministische Verlaufsgesetze fällt. Die Gesetzesauffassung der Kausalität ist vielmehr eine kausalitätstheoretische Zusatzannahme, zu der es Alternativen gibt. Zur Annahme einer akausalen oder kontrakausalen Freiheit neigen Libertarier, die das Kausalprinzip mit dem Determinismus identifizieren. Auch Kant konnte sich schlicht nicht vorstellen, was Verursachung sonst sein sollte, wenn nicht Determination durch strenge Naturgesetze. Sobald alternative, nichtdeterministische Auffassungen der Kausalität entwickelt werden, sollte die Attraktivität der akausalen Freiheit für den Libertarier sinken.

Nichtdeterministische Analysen der Ereigniskausalität sind in der Willensfreiheitsdebatte, anders als in der Wissenschaftsphilosophie, noch selten. Ungleich häufiger wird versucht, die Eigenart freier Entscheidungen und Handlungen durch die Annahme einer eigenen Kausalitäts*art* zu sichern. Auch Kant führte zur Auflösung der Freiheitsantinomie eine zusätzliche Kausalitätsart ein, die er der gewöhnlichen Naturkausalität zur Seite stellte und »Kausalität aus Freiheit« nannte. In der analytischen Handlungstheorie hat Chisholm diese Idee unter dem Titel *Agent Causality* wiederbelebt. Die Pointe dieser zusätzlichen Kausalitätsart besteht darin, dass Akteurskausalisten die Stelle der Ursache nicht mit einem Ereignis besetzen, sondern mit einer Person. Wenn eine Person eine Reihe von Begebenheiten »von selbst anfängt« (Kant), also eine Kausalkette in Gang setzt, dann ist nicht *etwas in ihr* die Ursache für ihre Körperbewegung, sondern *sie selbst* verursacht im Wortsinne ihre Handlung. In Chisholms Worten: »Indem wir tun, was wir tun, verursachen wir, daß bestimmte Ereignisse geschehen, und nichts und niemand außer uns selbst verursacht uns, zu verursachen, daß diese Ereignisse geschehen.«[74]

Die größte theoretische Schwierigkeit der Akteurskausalität besteht darin, dass Ursachen eine passende zeitliche Position benötigen. Das *Datiertheitsproblem*, wie man es nennen könnte, besteht in Folgendem: Handlungen sind etwas, was zu einem bestimmten Zeitpunkt vorkommt. Die Nennung der Ursache für eine Handlung sollte erklären, warum die Wirkung zu diesem bestimmten Zeitpunkt eintritt und nicht früher oder später. Der bloße Verweis auf die Person kann dies aber nicht erklären. Die Person war schon vorher da und wird auch nachher noch da sein. Sie ist, wie Aristoteliker sagen, eine beharrende Substanz, die den Veränderungen, die an oder in ihr stattfinden, zugrunde liegt und sie überdauert. Deshalb beantwortet die Nennung der Person nicht die Frage, warum die Handlung just zu dem Zeitpunkt stattfindet, zu dem sie stattfindet. Also können Personen nicht im Wortsinne Ursachen von etwas sein.

Der Datiertheitseinwand gegen die Annahme einer eigenen Akteurskausalität ist ein sehr starkes Argument, das bisher niemand entkräften konnte. Nimmt man als Reaktion darauf an, dass nicht die Person als solche, sondern etwas in ihr die Ursache der Handlung war, etwa ihre Entscheidung, so wäre dies eine Rückkehr zum ereigniskausalen Bild vom Handeln.

Die ersten beiden Optionen – Akausalismus und Akteurskausalismus – sind für viele Libertarier nur deshalb attraktiv, weil sie das allgemeine Kausalprinzip, dem zufolge jedes Ereignis eine Ursache hat, fälschlich mit dem Determinismusprinzip identifizieren. Dass Determinismus freiheitsunverträglich ist, ist die Auffassung aller Inkompatibilisten, also auch des Libertariers. Eine andere Frage ist, ob schon das bloße Verursachtsein freiheitsunverträglich ist. Das ist eine schwierige und voraussetzungsreiche Frage, denn die Antwort hängt davon ab, welche Kausalitätstheorie man vertritt. Kant vertritt eine Gesetzesauffassung der Kausalität und identifiziert deshalb Kausalprinzip und Determinismusprinzip. Aber ich bestreite, dass man das als Libertarier tun muss. Es gibt prominente Libertarier, die dies nicht tun, zum Beispiel Robert Kane, der mit der gewöhnlichen Ereigniskausalität auskommt, diese aber nichtdeterministisch auffasst. Genau so sehe ich es auch: Mit einer nichtdeterministisch verstandenen Ereigniskausalität kann der Libertarier bestens leben. Mir erscheint eine passend ausbuchstabierte Version der sogenannten *kontrafaktischen* Theorie der Kausalität als am besten geeignet, dem libertarischen Anderskönnen einen nichtmysteriösen Platz in der natürlichen Welt zu verschaffen.[75]

Nun ist noch auf den *Zufallseinwand* gegen den Libertarismus einzugehen, der anders als die vier Mythen nicht auf einer Fehlzuschreibung beruht. Der Zufallseinwand liegt in verschiedenen Fassungen vor, hier ist eine Auswahl:

- Wenn wir unter identischen Bedingungen so oder anders entscheiden könnten, wären unsere Entscheidungen grundlos, irrational, unerklärlich, erratisch, kapriziös.
- Freie Entscheidungen wären Produkte des Zufalls. Wie aber sollte eine bloß zufällige Wahl dem Libertarier weiterhelfen?
- Indeterminiertheit vergrößert unsere Freiheit nicht, sondern unterminiert Urheberschaft, Steuerbarkeit und Zurechenbarkeit.

Das sind gewichtige Bedenken, die neben Leibniz und Hume auch Kant vor dem Libertarismus zurückschrecken ließen. Kants Version des Zufallseinwands lautet: Ein Wesen um der Freiheit willen »vom Gesetz der Naturnothwendigkeit aller Begebenheiten in seiner Existenz, mithin auch seiner Handlungen [...] ausnehmen [...] wäre so viel, als es dem blinden Ungefähr übergeben«, nämlich, »dem blinden Zufalle, bei welchem aller Vernunftgebrauch aufhört«.[76]

Im Folgenden soll untersucht werden, wie tragfähig der Einwand ist und wie eine libertarische Freiheitsauffassung auf ihn reagieren kann. Zunächst ist zwischen zwei Stoßrichtungen des Zufallseinwands zu unterscheiden: Entweder steht die Rationalität einer Entscheidung zur Debatte, also ihre Vernünftigkeit und Verständlichkeit, oder aber ihre kausale Erklärbarkeit. Es liegt auf der Hand, dass die erste

Version des Einwands die interessantere ist, denn die zweite Version zeigt einfach die mangelnde Bereitschaft an, andere Erklärungen zu akzeptieren als deterministische. Dass nicht jedes Ereignis deterministisch verursacht oder mithilfe deterministischer Gesetze erklärbar ist, behauptet der Libertarier als Indeterminist ja gerade, deshalb taugt dieser Hinweis als solcher nicht zum Einwand gegen ihn. Handlungen und Entscheidungen haben entweder deterministische Ursachen oder nicht, weder der Libertarier noch der Kompatibilist können daran etwas ändern. Die Frage ist, ob aus der Nichtdeterminiertheit folgt, dass Handlungen auch im nichtkausalen Sinn zufällig sind, nämlich grundlos, erratisch, unverständlich, nicht zurechenbar.

Wird der Einwand so ausgedrückt, dass der Indeterminismus die Freiheit nicht verständlich mache, so muss die Antwort lauten, dass der Indeterminismus auch nicht diese Aufgabe hat. Wie oben beschrieben, ist allgemein zwischen dem *positiven* und dem *negativen* Teil einer Freiheitslehre zu unterscheiden: Freiheit muss zum einen positiv erläutert werden, und es liegt auf der Hand, dass der bloße Indeterminismus für eine positive Erläuterung nicht ausreicht. Die ontische Möglichkeit alternativer Verläufe besteht ja auch für Wesen und für unbelebte Naturdinge, die überhaupt keinen Willen haben, geschweige denn einen freien. Eine positive Erläuterung der Freiheit muss ein echtes Vermögen beschreiben, eine *potentia*, keine bloße *possibilitas*. Zum anderen darf die Welt nicht so sein, dass die Ausübung freiheitskonstitutiver Zwei-Wege-Vermögen unmöglich wäre. Dafür, und nur dafür, ist der negative Teil einer Freiheitslehre zuständig. Aus inkompatibilistischer Sicht gehört zu diesen negativen Bedingungen der Indeterminismus: Damit die fraglichen Vermögen in die Welt passen, muss der Weltlauf offene Möglichkeiten enthalten. Der Indeterminismus ist mithin keine positive Erläuterung von »freier Entscheidung«, sondern er ist nur für das *Nihil obstat* (»Es steht nichts im Wege ...«) zuständig. Die genannte Variante des Zufallseinwands beruht mithin auf einer Verwechslung der Aufgaben des positiven und des negativen Teils einer Freiheitslehre. Vom negativen Teil wird fälschlich erwartet, dass er das Vermögen der Freiheit positiv erläutert oder verständlich macht.

Problematisch am Zufallseinwand ist ferner der Schluss von »nicht determiniert« auf »bloßes Produkt des Zufalls«. Der Zufallseinwand stellt die Alternative von determiniert und zufällig als erschöpfend dar; es ist aber alles andere als klar, dass es sich so verhält. Darüber ist allerdings nicht leicht Einigkeit zu erzielen, weil der Sinn des Ausdrucks »eine Sache des bloßen Zufalls« meist nicht geklärt wird.

Zunächst ist festzuhalten, dass »zufällig« in diesem Zusammenhang kein physikalischer oder wahrscheinlichkeitstheoretischer Fachterminus ist, sondern ein Ausdruck der Alltagssprache. Ein Geschehen im nichttechnischen Sinn als »zufällig« zu bezeichnen konnotiert »unvorhersehbar«, »nicht steuerbar« und »nicht zurechenbar«. Es ist eben diese Konnotation der Nichtzurechenbarkeit, die der Vertreter des Einwands mit der Rede von »zufällig« geschehenden Entscheidungen und Handlungen ausbeutet.

Betrachten wir deshalb die Frage, unter welchen Bedingungen wir einer Person den Erfolg ihrer Handlung zurechnen. Unter indeterministischen Annahmen ist kein Handlungserfolg je vorab garantiert. Beispielsweise kann, auch wenn der Akteur ›alles richtig gemacht‹ hat, stets etwas Unvorhergesehenes dazwischenkommen, was den angestrebten Erfolg vereitelt. Interessanterweise rechnen wir aber einer Person den Erfolg ihrer absichtlich ausgeführten Handlung im Regelfall zu, obwohl er vorab nicht garantiert war. Dies gilt sogar für Fälle, in denen der Erfolg sehr unwahrscheinlich war: Einen Attentäter, der unter schwierigen Bedingungen ins Ziel trifft, exkulpiert man nicht durch den Hinweis, dass der Schuss leicht hätte danebengehen können. Einem Hochspringer, der im dritten Versuch die Sprunglatte quert, rechnet man die Leistung ebenfalls zu. Beide haben absichtlich gehandelt, sie hatten Gründe, sie haben sich angestrengt, insofern war das Ergebnis ihrer Bemühungen kein reiner Zufall. Sie haben genau dieses Ergebnis angestrebt, auch wenn der Erfolg vorab nicht garantiert war.

Der Vertreter des Zufallseinwands könnte nun insistieren, dass die Akteure den Eintritt des Erfolgs nicht frei gewählt haben, weil auch etwas Glück dabei war. Das ist richtig, doch gegen welche Auffassung vom menschlichen Handeln soll das ein Einwand sein? Was die Alternative von »determiniert« und »zufällig« übersieht, ist die *Widerfahrniskomponente* des Handelns. Die Welt muss allgemein etwas hinzutun, damit unsere Handlungen gelingen; dieser Handlungserfolg stößt uns zu. Erfolg braucht *etwas* Glück, und das Glückhaben unterliegt naturgemäß nicht der Kontrolle des Glücklichen. Diesen Zusammenhang »reinen Zufall« zu nennen, hat den falschen Zungenschlag. Unser Handlungserfolg wird uns mit Recht zugerechnet, denn genau den haben wir angestrebt und befördert.

Nun geht es beim Zufallseinwand gegen die libertarische Willensfreiheit nicht um den Zusammenhang zwischen Handlung und Handlungsfolgen, sondern um den vorangehenden Willensbildungs- und Entscheidungsprozess. Der Libertarier kann hier argumentieren, dass für die Zurechenbarkeit dieses Prozesses Ähnliches gilt: Wiewohl vorab nicht determiniert war, welche Entscheidung die Person treffen würde, heißt das nicht, dass ihre Entscheidung ein Zufallsprodukt und ihr nicht zurechenbar wäre. Die Person kann durchaus mit guten Gründen entschieden haben, nur dass Gründe, wie Leibniz und Anselm von Canterbury sagen, »geneigt machen, ohne zu nötigen«. Praktische Gründe können stark zu einer bestimmten Entscheidung disponieren, sind aber gleichwohl keine deterministischen Ursachen. Das Vorhandensein eines starken Grunds nimmt der Person nicht die Freiheit, ihn in den Wind zu schlagen oder es sich noch einmal anders zu überlegen.

Dass Gründe eine Erklärungsleistung erbringen können, auch wenn sie die Entscheidung nicht determinieren, erkennt der Vertreter des Zufallseinwands nicht an. Vielmehr nennt er alles, was nicht im laplaceschen Sinn determiniert ist, »zufällig« und beutet dann die Konnotation der Nichtzurechenbarkeit aus. Dies ist ein rhetorischer Zug, von dem man sich nicht verwirren lassen darf.

Gleichwohl scheint der Libertarier folgende Frage beantworten zu müssen: Wenn die Person sich unter gleichen Bedingungen, und das heißt doch wohl aufgrund der gleichen Überlegung und mit den gleichen Gründen, anders entschieden hätte, wäre diese Entscheidung dann nicht irrational gewesen? Und am Anderskönnen unter gleichen Bedingungen ist dem Libertarier ja gelegen. – Die Antwort muss lauten, dass die Person *nicht* aus den gleichen Gründen etwas anderes getan hätte, sondern aus anderen Gründen. Ich beziehe mich hier zunächst auf Robert Kane, der den Zusammenhang mit einem Beispiel erklärt: Eine Geschäftsfrau ist auf dem Weg zu einer wichtigen Besprechung. Auf dem Weg beobachtet sie einen Straßenüberfall und steht nun vor der Entscheidung, ob sie Hilfe holt oder weitergeht. Hilfe holen würde für sie bedeuten, dass sie nicht rechtzeitig zum Meeting kommt und höchstwahrscheinlich einen für ihre Firma existenzsichernden Auftrag verliert. Für beide Handlungsweisen hat sie also starke Gründe, für das Weitergehen wie für das Hilfeholen. Nach Kane gilt nun: Wie auch immer die Frau sich entscheidet, sie hat einen Grund dafür, wobei ihre tatsächliche Entscheidung vorab nicht determiniert ist. Kane nennt das »two-way rationality«: Keine der beiden Entscheidungen wäre grundlos, irrational oder unerklärlich.[77]

An dieser Stelle wird der Libertarier unausweichlich gefragt, was dann am Ende dafür verantwortlich war, dass die Entscheidung so ausgefallen ist und nicht anders. Unter der Annahme, dass die Gründe einander die Waage gehalten haben, müsse ja irgendetwas anderes den Ausschlag gegeben haben, ein der Person nicht zurechenbarer Faktor. Die Frage, was am Ende die Entscheidung ausgelöst hat, ist eine Rückkehr zur kausalen Variante des Zufallseinwands. Sie zeigt an, dass der Fragende sich ein nicht deterministisch verursachtes Geschehen einfach nicht vorstellen kann. Hier ging es aber darum, die Rationalität des Akteurs zu sichern, und das scheint Kanes »two-way rationality« zu tun: Die Frau hat für beide Optionen starke Gründe und wozu auch immer sie sich entscheidet, sie tut es nicht grundlos.

Ich halte Kanes Überlegung für richtig, doch man muss ihr noch etwas hinzufügen, nämlich eine zeitlich fein aufgelöste Betrachtung der Entscheidungssituation. Der Libertarier hat ja nun folgendes Problem: Er gibt zu, dass ein Akteur nicht aus demselben Grund, aus dem er F getan hat, auch Nicht-F hätte tun können – das wäre in der Tat irrational gewesen. Ein Grund, der auch die gegenteilige oder eine beliebige andere Handlung erklären würde, erklärt überhaupt nichts. Und doch spricht der Libertarier von einem Anderskönnen unter gleichen Bedingungen. Wie passt das zusammen?

Für eine Lösung muss der Verzweigungspunkt der beiden möglichen Verläufe zeitlich genauer bestimmt werden. Dem klassischen Libertarismus zufolge gibt es keinen Zeitpunkt vor dem Handlungsbeginn, zu dem unumstößlich feststeht, was die Person tun wird. Sie hat stets die Möglichkeit, weiterzuüberlegen und sich umzuentscheiden. Nun betrachten wir ihre Handlung im Nachhinein: Falls die Person zum Zeitpunkt des tatsächlichen Handlungsbeginns, bei einem Überlegungsstand, der für F sprach, die von ihr verworfene Option Nicht-F gewählt hätte, so hätte sie wider bessere Einsicht gehandelt, mithin irrational. Anders liegt der Fall, wenn zu diesem Zeitpunkt noch einmal eine Neubesinnung eingesetzt hätte. In der Folge hätten sich die mentalen Einstellungen der Person verändert und aufgrund dieser veränderten Einstellungen hätte sie dann entschieden. Die alternative Entscheidung fällt also in der anderen möglichen Welt später als in der wirklichen. Dies ist nach meinem Dafürhalten die korrekte Erläuterung von »Er hätte anders handeln können« für einen rationalen Akteur: Das Anderskönnen ist wesentlich ein Weiterüberlegenkönnen.

Dieser Vorschlag ruft den Einwand auf den Plan, dass es sich nicht mehr um ein Anderskönnen *unter gleichen Bedingungen* und damit nicht mehr um libertarische Freiheit handle. Dass eine Person hätte anders handeln können, wenn sie zuvor anders überlegt hätte, gestehen ja auch Kompatibilisten zu, die sich auf Moores Analyse des Anderskönnens berufen.

Der Einwand klingt überzeugend, doch er verfehlt sein Ziel. Es müssen im beschriebenen Szenario des Weiterüberlegens weder die Naturgesetze noch die Vorgeschichte der tatsächlichen Handlung geändert werden, und genau darauf kommt es an. Die andere mögliche Handlung wäre etwas später begonnen worden, doch diese Abweichung hält die Vorgeschichte der tatsächlichen Handlung konstant. Vom Kompatibilismus unterscheidet das Szenario die Annahme, dass der Person zum fraglichen Zeitpunkt beides offenstand: zur Tat zu schreiten oder weiterzuüberlegen. Der mooresche Kompatibilist kann das nicht zugeben, er muss den Verzweigungspunkt der beiden Verläufe bis zum Urknall und darüber hinaus vorverlegen, weil in einer deterministischen Welt nichts anderes geschehen konnte als das, was tatsächlich geschehen ist.

Nun kann der Vertreter des Zufallseinwands nochmals fragen, wie es denn dazu hätte kommen können, dass die Person weiterüberlegt. Wenn diese Frage kausal gemeint ist, setzt sie wiederum den Determinismus voraus und ist dann dialektisch uninteressant. Wenn es hingegen um die Rationalität des Akteurs geht, ist die Antwort nicht so schwer: Aus denselben Gründen das Gegenteil zu tun wäre irrational gewesen, weiterzuüberlegen wäre dagegen nicht irrational gewesen. Der Grund für diese Asymmetrie liegt in dem Umstand, dass eine Person sich niemals sicher sein kann, dass das, was sie für die besten Gründe hält, auch die besten Gründe sind. Wäre sie im Besitz des Steins der Weisen, was die Qualität ihrer Gründe betrifft, so wäre es in der Tat irrational, einen als gut erkannten Grund noch hin und her zu wenden. Tatsächlich kann aber zwischen guten und für gut gehaltenen Gründen stets eine Differenz bestehen. Weil die Person aus leidvoller Erfahrung um diese Differenz weiß, ist es auch aus ihrer Sicht nicht irrational, ein Überlegungsergebnis noch weiter zu prüfen. (In Situationen mit starkem Zeit- und Handlungsdruck liegt der Fall anders; über solche Situationen spreche ich hier nicht.)

Das Ersetzen der faktischen Handlung durch das Weiterüberlegen in der anderen möglichen Welt bannt also die Irrationalitätsgefahr. Dem besten aktuellen Urteil zuwiderzuhandeln ist irrational, weiterzuüberlegen selbst bei guten Gründen ist es in der Regel nicht. Mehr muss an dieser Stelle nicht gezeigt werden.

Keine Strafe ohne Schuld, keine Schuld ohne freien Willen?

Von normativen Fragen war in diesem Buch bislang nicht die Rede. Sie spielen aber in der philosophischen Freiheitsdebatte schon deshalb eine Rolle, weil Menschen ein eminentes Interesse an der Zurechnung von Handlungen, an der moralischen Verantwortung sowie an den Praktiken des Lobens, Tadelns, Belohnens und Bestrafens haben. Dieses Interesse ist kein primär philosophisches. Es wird von Strafrechtlern, Politikern und gewöhnlichen Staatsbürgern geteilt, die niemals eingehend über Willensfreiheit nachgedacht haben. Das menschliche Zusammenleben muss auf irgendeine Weise geregelt werden, Normensysteme müssen etabliert, gravierende Rechtsverletzungen sanktioniert werden. Diese Regelungspraxis kann nicht darauf warten, was Philosophen oder Hirnforscher am Ende aller Tage über die Willensfreiheit herausgefunden haben oder zu haben behaupten. Plausibel erscheint deshalb der Vorschlag, unsere normativen Praktiken des Lobens und Tadelns, Belohnens und Bestrafens nicht von der Klärung metaphysischer Thesen abhängig zu machen. Diese agnostische Haltung zum philosophischen Freiheitsproblem ist mittlerweile auch in der Strafrechtslehre weit verbreitet.

Oben habe ich die Auffassung Humes referiert, dass eine Person eine gewisse charakterliche Stabilität aufweisen muss, damit man ihr ihre Entschlüsse und Handlungen zurechnen kann. Wenn Entscheidungen unvorhersehbar und kapriziös wären, wären Personen keine geeigneten Adressaten für vernünftige Ratschläge oder für Lob und Tadel.

Wir möchten ja durch Lob und Tadel das künftige Verhalten von Personen beeinflussen. In der Rechtstheorie hat Hans Kelsen eine ähnliche Auffassung vertreten: »Die Errichtung einer normativen, das Verhalten der Menschen regelnden Ordnung, auf Grund deren allein Zurechnung erfolgen kann, setzt geradezu voraus, daß der Wille der Menschen, deren Verhalten geregelt wird, kausal bestimmbar, also nicht frei ist.«[78] Interessant an dieser Überlegung ist unter anderem, dass sie nicht auf einen Beweis der Wahrheit des Determinismus angewiesen ist. Ein durchgängiger, lückenloser Kausalzusammenhang wird vielmehr *postuliert*, damit die genannten normativen Praktiken ihren Sinn behalten können. Diese Abhängigkeit hat besonders deutlich Moritz Schlick betont: Wir könnten den Determinismus zwar nicht beweisen, aber wir müssten ihn »in allem unserem praktischen Verhalten voraussetzen«, da andernfalls Strafe wirkungslos bliebe und unverursachtes Wollen die Verantwortung aufhöbe.[79]

So verbreitet diese Argumentation ist, so wenig überzeugt sie bei näherer Betrachtung. Richtig ist, dass Strafandrohungen nur dann eine präventive Wirkung haben, wenn potenzielle Täter sich von ihnen motivieren lassen. Dass jemand eine Strafandrohung in seine Überlegungen einbezieht und dass er durch sie determiniert wird, sind aber zwei verschiedene Dinge. Determinismus ist die Lehre, dass der gesamte Weltlauf durch Naturgesetze und Anfangsbedingungen alternativlos festgelegt ist, nicht mehr und nicht weniger. *Psychologischer* Determinismus ist die Lehre, dass das Verhalten einer Person durch ihren Charakter und ihre gegenwärtigen Motive alternativlos festgelegt ist. Was durch Lohn und Strafe sowie Lob und Tadel tatsächlich vorausgesetzt wird, ist etwas viel Schwächeres, nämlich die Beeinflussbarkeit des Verhaltens durch Motivsetzung. Man geht aufgrund von Erfahrung davon aus, dass Personen sich in ihrem Verhalten hinreichend oft von nachvollziehbaren Motiven leiten lassen. Damit dies der Fall ist, muss nicht der Determinismus wahr sein.

Würde man Humes Argument, dass die Zurechnung von Handlungen eine gewisse charakterliche Stabilität des Akteurs voraussetzt, tatsächlich im Sinne eines strengen psychologischen Determinismus auslegen, so wäre dies mit unserer tatsächlichen Praxis der Verantwortungszuschreibung gerade nicht vereinbar. Diese Praxis spricht gegen die Annahme, dass unsere Entscheidungen stets durch unseren Charakter und die gegenwärtige Motivlage determiniert sind. Wir fordern nämlich, wie Tugendhat richtig bemerkt, »voneinander und von uns selbst durchaus auch, uns auf eine Weise zu verhalten, die im Gegensatz zu unserem bisherigen Charakter steht. Man muss zwischen Person und Charakter unterscheiden. Man macht nicht den Charakter verantwortlich, sondern den ›Ich‹-Sager.«[80]

Konfrontieren wir nun die philosophische Vereinbarkeitsdebatte mit den Annahmen über den Zusammenhang von Verantwortung, Strafe und Schuld, die unserer Rechtsordnung zugrunde liegen. Unter dem *Schuldprinzip* versteht man in der Strafrechtsdogmatik den Grundsatz »Keine Strafe ohne Schuld« (*nulla poena sine culpa*). Das Schuldprinzip ist keine Beschreibung eines empirischen Zusammenhangs, sondern eine normative Setzung. Eine übliche Begründung für das Schuldprinzip lautet, dass es unfair wäre, jemanden zu bestrafen, dem kein schuldhaftes Versagen vorzuwerfen ist, und sei der durch ihn verursachte Schaden noch so groß. Ein Beispiel wäre ein kausaler Beitrag zu einem nach menschlichem Ermessen unvermeidbaren Unfall. Dieser bleibt im Unterschied zu einem Fahrlässigkeitsdelikt unbestraft, weil die Person »nichts dafür konnte«. Ein guter erster Test für das Vorliegen von Schuld ist die Frage, ob der Schaden bei genügender Sorgfalt und Umsicht hätte vermieden werden können. Unvorhersehbare Unglücksfälle sind nicht vermeidbar, Fahrlässigkeitsdelikte durchaus. Deshalb ist der fahrlässige Verursacher eines Unfalls nicht schuldlos, wiewohl seine Schuld geringer ist als im Falle vorsätzlichen Handelns.

Das auch auf subjektive Tatbestandsmerkmale abstellende Schuldprinzip gehört zu den späteren Errungenschaften der abendländischen Rechtsgeschichte. Im ländlichen Frankreich war es noch bis ins 17. Jahrhundert üblich, Tiere wegen angeblicher Verbrechen vor Gericht zu stellen und zu bestrafen. Dies erscheint aus heutiger Sicht als eklatante Verletzung des Schuldprinzips. Eine Gesellschaft, die das Schuldprinzip akzeptiert, muss der Versuchung widerstehen, für jedes Unglück einen Sündenbock zu suchen.

Alternativ könnte man einen anspruchsloseren Schuldbegriff zugrunde legen, nämlich einen, der allein auf den *kausalen* Beitrag zu einem Geschehen abstellt. Eine solche Rede über Schuld ist durchaus nicht ungewöhnlich. Wenn der Bauer die Schuld an der Missernte dem Wetter zuschreibt, wissen wir, was gemeint ist. Aber schon das nächste Beispiel zeigt, dass wir diesen Schuldbegriff im Allgemeinen nicht mit dem moralisch und rechtlich relevanten verwechseln: In Lappland finden gelegentlich Demonstrationen für mehr Sonnenschein im Winter statt. Das ist komisch, weil Demonstrationen sich üblicherweise an einen Adressaten wenden, der zur Behebung des Missstandes aufgefordert wird. In einem anspruchslosen kausalen Sinn ist das Ausbleiben der Sonne »schuld« daran, dass die Lappen depressiv werden, doch niemand, der den frühkindlichen Animismus überwunden hat, wird die Sonne für ihr Ausbleiben bestrafen oder zur Besserung auffordern wollen. Der oben genannten Testfrage für das Vorliegen von Schuld – »Hätte das Geschehen vermieden werden können?« – lässt sich eine zweite zur Seite stellen: »Gibt es einen Adressaten, den man zu etwas auffordern kann?« Im Falle der ausbleibenden Sonne lautet die Antwort zweimal »Nein«. Die Demonstranten dürften es genauso sehen. Ihre Parolen bestätigen das durch die beiden Testfragen ausgedrückte Kriterium in selbstironischer Brechung.

In der deutschen Strafrechtsdogmatik ist das Schuldprinzip zum einen Grundlage der Straf*begründung*. Nach einem wegweisenden Urteil des Bundesverfassungsgerichts wäre eine Bestrafung ohne Schuld »eine mit dem Rechtsstaatsprinzip unvereinbare Vergeltung für einen Vorgang, den der Betreffende nicht zu verantworten hat. Die strafrechtliche [...] Ahndung einer Tat ohne Schuld des Täters ist demnach rechtsstaatswidrig.«[81] Zum anderen dient das Schuldprinzip zur Ermittlung eines gerechten Straf*maßes*. Im Strafgesetzbuch (§ 46 Abs. 1 Satz 1) heißt es dazu: »Die Schuld des Täters ist Grundlage für die Zumessung der Strafe.« Als Umstände, die das Gericht bei der Bemessung der Strafe abzuwägen hat, nennt das Strafgesetzbuch unter anderem die Beweggründe des Täters, seine Gesinnung, die Art der Tatausführung, sein Verhalten nach der Tat und sein Bemühen um Wiedergutmachung.

Das Prinzip »Keine Strafe ohne Schuld« lässt für sich genommen offen, ob Schuld einen im libertarischen Sinn freien Willen voraussetzt oder nicht. Libertarier nehmen an, dass der Täter die Tat unter den gegebenen Bedingungen hätte unterlassen können, Kompatibilisten fassen dieses Unterlassenkönnen im Sinne der konditionalen Analyse Moores auf: Der Täter hätte halt vorher anders überlegen und entscheiden müssen. Dass in einer deterministischen Welt eine andere als die tatsächliche Entscheidung durch Naturgesetze und Anfangsbedingungen ausgeschlossen war, halten sie für irrelevant. Wie sieht es nun das deutsche Strafrecht? Hier ist zunächst zu bemerken, dass der Gesetzgeber nicht positiv erklärt, worin Schuldfähigkeit besteht. Vielmehr unterstellt er deren Vorhandensein im Normalfall und spezifiziert in den §§ 19–21 StGB nur die Ausnahmen. Verneint wird die Schuldfähigkeit eines Täters, wenn dieser bei Begehung der Tat »unfähig ist, das Unrecht der Tat einzusehen oder nach dieser Einsicht zu handeln« (§ 20). Im Umkehrschluss würde dies besagen, dass ein Täter immer dann schuldfähig ist, wenn er bei Begehung der Tat im Besitz von Einsichts- und Steuerungsfähigkeit war. An Einsichtsfähigkeit mangelt es beispielsweise kleinen Kindern und hochgradig dementen Personen. Philosophisch interessanter ist die Steuerungsfähigkeit, denn sie bietet im Unterschied zur Einsichtsfähigkeit einen Ansatzpunkt für normative Urteile. Man kann zu einem Demenzpatienten oder zu einem Kleinkind schlecht sagen: »Sei einsichtsvoller, als du nun einmal bist!«, aber man kann zu einem zu einer Straftat geneigten Menschen sehr wohl sagen: »Beherrsch dich, reiß dich zusammen!« Solche Aufforderungen sprechen auf den ersten Blick für einen libertarischen Freiheitsbegriff, denn der Auffordernde muss unterstellen, dass es dem Angesprochenen in der gegebenen Situation möglich ist, sich selbst zu beherrschen, auch wenn dies seinen bestehenden Neigungen widerspricht. Typischerweise wird man jemanden nur dann zur Selbstbeherrschung auffordern, wenn er nicht ohnehin schon dazu disponiert ist. Und wenn wir im Nachhinein zu jemandem sagen: »Das hättest du nicht tun sollen«, dann unterstellen wir, dass ihm dies unter den gegebenen Bedingungen auch möglich gewesen wäre.

Mit Aufforderungen und Schuldzuweisungen ist also die Unterstellung des So-oder-anders-Könnens verbunden. In diesem Sinn haben Strafrechtler auch den Schuldbegriff bestimmt: »Die Schuld [...] macht dem Täter den persönlichen Vorwurf, daß er die rechtswidrige Handlung nicht unterlassen hat, obwohl er sie unterlassen konnte.«[82] Der Bundesgerichtshof hat sich diese Auffassung in einem Grundsatzurteil zu eigen gemacht: »Mit dem Unwerturteil der Schuld wird dem Täter vorgeworfen, daß er sich für das Unrecht entschieden hat, obwohl er sich für das Recht hätte entscheiden können.«[83]

Freilich hat der Kompatibilismus auch in der Strafrechtslehre Anhänger gefunden. In der juristischen Literatur ist gelegentlich folgende kompatibilistische Analyse von »Er hätte anders handeln können« vorgeschlagen worden: Die wahre Bedeutung des Urteils soll sein: »Eine andere Person mit durchschnittlichen Fähigkeiten hätte in dieser Situation anders gehandelt.«[84] Es ist nicht leicht, zu sehen, was außer dem Wunsch, den Inkompatibilismus zu vermeiden, diese Analyse rechtfertigen könnte. Wenn sie richtig wäre, müsste der Vorwurf »Du hättest anders handeln sollen« auf die absurde Forderung hinauslaufen: »Du hättest eine andere Person sein sollen, nämlich eine mit mindestens durchschnittlichen Fähigkeiten.« Der zur Rede Gestellte könnte zurückfragen, warum der Umstand, dass jemand anderes an seiner Stelle anders gehandelt hätte, irgendeine Relevanz für die Frage haben sollte, ob er selbst anders hätte handeln können. Man kann, so auch der Strafrechtler Claus Roxin, »einen sittlichen Vorwurf gegen eine individuelle Person unmöglich auf Fähigkeiten stützen, die andere Personen vielleicht haben, die aber dem Täter gerade fehlen«[85].

Traditionell ist in der Strafrechtslehre die für Schuld erforderliche Unterlassbarkeit ausdrücklich oder unausdrücklich libertarisch verstanden worden. In jüngerer Zeit zeichnet sich ein Umschwung zugunsten agnostischer Positionen ab, denen zufolge die Straf- und Zurechnungspraxis unabhängig von den unbeweisbaren metaphysischen Lehren des Determinismus und der libertarischen Freiheit begründet werden sollten. Ein großer Teil der deutschen Strafrechtslehrbücher und -kommentare hält mittlerweile die Annahme der Willensfreiheit, da »empirisch unbeweisbar« und »forensisch nicht greifbar«, für eine »normative Setzung« (Roxin), ein »praktisches Postulat« (Jescheck) oder eine »normative Konstruktion« (Jakobs). Gegen den »alternativistischen« Freiheits- und Schuldbegriff wird unter anderem angeführt, dass »ein Andershandelnkönnen des individuellen Täters im Tatzeitpunkt wissenschaftlicher Feststellung nicht zugänglich« sei.[86] Das viel zitierte Wort des Strafrechtlers Eduard Kohlrausch, das den Schuldvorwurf begründende Anderskönnen sei eine »staatsnotwendige Fiktion«, wird allerdings weithin abgelehnt. In dieser Lage wären eigentlich besondere Anstrengungen zur *Rechtfertigung* der normativen Freiheitszuschreibung erwartbar. Von diesen Anstrengungen ist aber wenig zu sehen. Man hat sich in der Strafrechtsdogmatik, so Reinhard Merkel, »mit einem prinzipiellen Agnostizismus in der Freiheitsfrage seit langem erstaunlich ehrgeizlos arrangiert«. Merkel verbindet diese Diagnose mit einer deutlichen Kritik an seiner Zunft. Er beklagt, dass die Strafrechtslehre »die Diskussionen und Argumente der Gegenwartsphilosophie fast gänzlich ignoriert und deshalb viele Facetten des Problems nicht wahrnimmt«[87].

Eine alles andere als agnostische Haltung nehmen einige Hirnforscher ein. Wolf Singer und Gerhard Roth, die Wortführer der neurowissenschaftlich inspirierten Freiheitskritik im deutschen Sprachraum, leugnen zum einen den freien Willen und damit auch die Fähigkeit des Straftäters, sich in der gegebenen Situation gegen die Straftat zu entscheiden. Zum anderen leiten sie aus ihrer Freiheitskritik die rechtspolitische Forderung nach einer allgemeinen Abkehr vom Schuldprinzip ab.

Die Behauptung, die Annahme eines freien Willens sei durch neurobiologische Befunde widerlegt, kann hier nicht geprüft werden. Ich habe an anderer Stelle dafür argumentiert, dass sie abwegig ist.[88] Die Freiheitsskeptiker haben ihrer Fehlinterpretation der empirischen Befunde ihren eigenen karikaturhaften Freiheitsbegriff zugrunde gelegt, was ihre vollmundigen Illusionsthesen wertlos macht. Es ist, wie Sven Walter anmerkt, »bezeichnend, dass Roth keinen einzigen zeitgenössischen Philosophen diskutiert oder auch nur benennt«, sondern seine Kritik auf »stark verkürzte Darstellungen philosophischer Klassiker« stützt.[89] Walters Fazit nach umfassender und sorgfältiger Musterung der Literatur lautet, dass die vermeintlichen empirischen Widerlegungen »sich oft nur gegen bestenfalls philosophisch überholte, schlimmstenfalls frei erfundene Freiheitskonzeptionen richten«.[90]

Den Nachweis, dass dieses Fazit berechtigt ist, kann ich hier nicht führen. Es sei nur auf folgende Frage hingewiesen: Bestreiten die betreffenden Hirnforscher *allgemein* die Willensfreiheit, weil es zu jedem psychischen Vorgang neuronale Korrelaten und Ursachen gibt, oder führen sie *besondere* Störungen bei psychisch kranken Personen an? Berufen sie sich auf etwas, was uns alle betrifft, nämlich den angeblichen neuronalen Determinismus oder die Libet-Experimente zur Datierung von Willensentschlüssen[91], oder berufen sie sich auf Veränderungen im präfrontalen Kortex bei Gewalttätern? Sind wir alle unfrei oder nur manche? Roth behauptet beides. So schreibt er über einen Gewaltverbrecher mit Veränderungen im orbitofrontalen Kortex, er sei »im strafrechtlichen Sinne nicht schuldig, weil er ja nicht anders handeln konnte«[92]. Über uns alle behauptet er: »Menschen können im Sinne eines *persönlichen moralischen Verschuldens* nichts für das, was sie wollen und wie sie sich entscheiden.«[93] Diese Doppelstrategie wirft kein gutes Licht auf Roths Freiheitskritik, denn beide Überlegungen schwächen einander. Hier können wir auf Strawsons Argumentation zurückgreifen: Besondere Fähigkeitseinschränkungen sind eben nicht der Normalfall, sondern der Ausnahmefall. Der Determinismus aber ist eine universale These und begründet gerade nicht die Ausnahme von der Regel. Wenn also Veränderungen im präfrontalen Kortex als schuldmindernde Besonderheiten angeführt werden, kann man nicht zugleich den neuronalen Determinismus gegen *jede* Schuldzuschreibung ins Feld führen.

Wolf Singer genügen schon »problematische Verhaltensdispositionen« als Grund, moralische Urteile zu unterlassen:

> »Keiner kann anders, als er ist. Diese Einsicht könnte zu einer humaneren, weniger diskriminierenden Beurteilung von Mitmenschen führen, die das Pech hatten, mit einem Organ volljährig geworden zu sein, dessen funktionelle Architektur ihnen kein angepaßtes Verhalten erlaubt. Menschen mit problematischen Verhaltensdispositionen als schlecht oder böse abzuurteilen, bedeutet nichts anderes, als das Ergebnis einer schicksalshaften Entwicklung des Organs, das unser Wesen ausmacht, zu bewerten.«[94]

Die geforderte Abkehr vom Schuldprinzip mündet bei Roth, Singer und Markowitsch nicht in die Forderung, auf Sanktionen für Straftaten überhaupt zu verzichten. Werde der Schuldvorwurf aufgegeben, so träten andere Strafzwecke in den Vordergrund, insbesondere der Zweck der Spezialprävention. Dazu Singer: Wir müssen »versuchen, durch Erziehung, Belohnung und Sanktionen Entscheidungsprozesse so zu beeinflussen, daß unerwünschte Entscheidungen unwahrscheinlicher werden«[95]. »Mit anderen Worten: wir würden hübsch das Gleiche tun wie jetzt auch schon. Allein die Betrachtungsweise hätte sich geändert.«[96] Bleiben Erziehung und Therapie wirkungslos, müsse man den Täter so lange wie erforderlich, gegebenenfalls für immer, inhaftieren oder sicherungsverwahren. Vor dauerhaft gefährlichen Straftätern müsse sich die Gesellschaft schützen. Roth hat im Jahre 2000 vorausgesagt, dass die Gesellschaft binnen zehn Jahren Abschied von der Freiheitsannahme »im Sinne einer subjektiven Schuldfähigkeit« genommen haben werde.[97] Diesen Termin hat die Gesellschaft ungerührt verstreichen lassen.

Hirnforscher haben nicht mehr und nicht weniger als andere Staatsbürger das Recht, sich zu rechtspolitischen Fragen zu äußern. Sie haben allerdings keine spezielle Kompetenz dazu und können deshalb auch keine besondere Autorität für ihre Einlassungen beanspruchen. In der Sache ist gegen die geforderte Abkehr vom Schuldprinzip vieles einzuwenden. Im deutschen Strafrecht fungiert das Schuldprinzip, wie oben erwähnt, auch zur Ermittlung eines gerechten Strafmaßes. Fällt der Beurteilungsmaßstab der persönlichen Schuld des Täters weg, so gibt es keinen prinzipiellen Einwand dagegen, beliebige Straftäter lebenslang wegzusperren. Wer wollte beim Gelegenheitstäter mit Sicherheit die Rückfallgefahr ausschließen? Es hinge allein vom Sicherheitsbedürfnis der Gesellschaft ab, welches Strafmaß jeweils als angemessen erachtet wird. Davon, dass die Ersetzung des Schuldprinzips durch den Präventionsgedanken zu einer »humaneren, weniger diskriminierenden Beurteilung« von Straftätern führe (Singer), kann also keine Rede sein. Auch nach Roth ist der »Sühne- und Vergeltungsschuldbegriff inhuman [...]. Er sinnt nämlich auf Rache.«[98] Singer und Roth verkennen, dass der humane Gehalt des Schuldprinzips, welches allein die Schuld des Täters zur »Grundlage für die Zumessung der Strafe« macht (§ 46 StGB), gerade in der *Begrenzung* des atavistischen Rachebedürfnisses besteht.

Ersetzt man die heute negativ besetzten Begriffe »Rache« und »Vergeltung« durch den positiv besetzten der »Gerechtigkeit«, so wird eine weitere Schwäche der Ablösung des Schuldprinzips durch den Präventionsgedanken deutlich. Dazu folgendes Beispiel: Hätte man im Jahr 1945 alle lebend gefassten KZ-Kommandanten psychiatrisch begutachtet, so hätten die Gutachter vermutlich bei vielen von ihnen eine Wiederholungsgefahr verneint – und sei es aus dem Grund, dass die historisch-politische Konstellation, in der sozial angepasste Familienväter zu Massenmördern wurden, nicht mehr bestand. Ginge es allein um Spezialprävention, hätte man diese Täter also freilassen müssen. Dasselbe gilt für gestürzte Diktatoren. Dass der Verzicht auf Bestrafung für viele Menschen – nicht nur für die Opfer! – eine unerträgliche Vorstellung ist, ist nicht bloß Ausdruck eines unaufgeklärten Rachebedürfnisses. Plausiblerweise steht hier vielmehr ein weiterer Strafzweck im Hintergrund, von dem bisher nicht die Rede war. Der Rechtsphilosoph Merkel hat jüngst in Anknüpfung an die Strafzwecklehre von Jakobs die Auffassung verteidigt, dass das durch die strafende Reaktion des Staates geschützte Rechtsgut die Geltung der verletzten Norm selbst sei. Würde der Staat als Garant des Rechts den Normbruch ohne strafende Reaktion hinnehmen, so würde er der Erosion der Norm Vorschub leisten. Die Strafe ist also »vorrangig die ›Reparatur‹ der verletzten Norm [...]: die symbolische Wiederherstellung der verletzten Normgeltung und damit die Sicherung ihres Fortbestands in der Zukunft.«[99] Diese Wiederherstellung der Normgeltung wird nicht schon durch die Aussicht auf künftiges rechtstreues Verhalten erreicht, denn »ohne irgendein ›Bezahlenmüssen‹ des Täters für den *geschehenen* Normbruch ist eine glaubhafte Restitution der Normgeltung nicht möglich«[100]. Von diesem Zusammenhang »zwischen lädierter Normgeltung und ihrer Restitution durch den Strafschmerz des Verletzers« gibt es nach Merkel ein »kollektives Bewusstsein«, das tief »in einem komplexen Netz reaktiver Einstellungen, mit denen wir einander begegnen«, verankert ist.[101] Die Anknüpfung an Strawson ist unverkennbar.

Viele kompatibilistische Philosophen und Strafrechtler schlagen vor, moralische Verantwortung und strafrechtliche Zurechnung nicht von der Annahme libertarischer Willensfreiheit abhängig zu machen. Das Hauptargument für diese Entkopplung, dass nämlich unsere Zurechnungspraxis nicht auf die Klärung einer hoch umstrittenen philosophischen These angewiesen sein sollte, ist nicht leicht von der Hand zu weisen. Im einfachsten Fall besteht die Entkopplung darin, dass man die moralische und/oder rechtliche Verantwortung des Täters für ein Geschehen als etwas ansieht, was nicht ermittelt, sondern zugeschrieben wird: Wir *machen* einander für unsere Taten verantwortlich. Wenn der Täter ein psychisch gesunder, einsichts- und steuerungsfähiger Erwachsener ist, können philosophische Doktrinen über Willensfreiheit und Determinismus nichts an seiner Schuldfähigkeit ändern. Solange Einsichts- und Steuerungsfähigkeit vorhanden waren, interessiert es den Gesetzgeber nicht einmal, ob der Täter diese beiden Fähigkeiten im Einzelfall aktualisiert hat. Er hätte sie aktualisieren können; dies genügt für die Beurteilung der Schuldfähigkeit. Wenn er sie nicht aktualisiert hat, richtet sich der Vorwurf darauf, dass er sie hätte aktualisieren *sollen*. Die faktische Ausübung der Steuerungsfähigkeit wird also nicht empirisch festgestellt, sondern normativ gefordert.

Ob sogenannte *askriptivistische* Auffassungen der Verantwortung wirklich determinismusverträglich sind, ist eine andere Frage. Der Determinist behauptet ja, dass die Person in der gegebenen Situation nicht anders handeln konnte, weil Naturgesetze und Anfangsbedingungen das tatsächliche Geschehen, also auch ihre Entscheidung und Tat, alternativlos festgelegt haben. Und einer starken Intuition zufolge wäre es ungerecht, eine Person für etwas zur Rechenschaft zu ziehen, was sie nicht vermeiden konnte. Der Umstand, dass Kompatibilisten mithilfe der konditionalen Analyse des Könnens einen eingeschränkten Sinn des Anderskönnens zu bewahren versuchen, zeigt, dass ihnen diese Intuition nicht ganz fremd ist.

Einen ganz eigenen Weg, die Verantwortungszuschreibung zu retten, hat Kant entwickelt. Ihm zufolge kann es für jemanden, der die unbedingte Pflicht eingesehen hat, dem kategorischen Imperativ zu folgen, keine offene Frage mehr sein, ob er dazu auch in der Lage ist. Kant nennt es eine »offenbare Ungereimtheit, nachdem man diesem Pflichtbegriff seine Autorität zugestanden hat, noch sagen zu wollen, daß man es doch nicht *könne*«[102]. Dass jemand das Gebotene nicht tun kann, schließe schon der römische Rechtsgrundsatz »Ultra posse nemo obligatur« aus. Was zu tun unmöglich ist, kann eben auch nicht geboten sein. Hinsichtlich dieses Grundsatzes kehrt Kant allerdings auf charakteristische Weise die Begründungsrichtung um. Die übliche Lesart des Grundsatzes lautet, dass die Befolgung einer Norm nur dann geboten sein kann, wenn sie dem

Adressaten auch möglich ist, wenn er also die entsprechende Fähigkeit und Gelegenheit hat. Kants berühmte Formel »Du kannst, weil du sollst« kehrt nun diese Abhängigkeit um. Die Umkehrung ist freiheitstheoretisch brisant, weil Kant an vielen Stellen den Schluss vom Anderssollen auf das Anderskönnen geradezu als Freiheits*beweis* einzusetzen scheint. Beispielsweise erklärt er, der Verbreiter einer »boshaften Lüge« habe »jetzt, in dem Augenblicke, da er lügt, gänzlich Schuld; mithin war die Vernunft, unerachtet aller empirischen Bedingungen der Tat, völlig frei«[103]. Das primäre Datum scheint also die moralische Schuld des Täters zu sein, aus dem man seine Freiheit *folgern* kann. Dieser Schluss erscheint äußerst kontraintuitiv. Sollte nicht umgekehrt die Freiheit des Akteurs Voraussetzung für seine Schuldfähigkeit sein?

Nun verbindet Kant mit dem Prinzip »Du kannst, weil du sollst« einen präzisen Sinn. Das Prinzip ist vor dem Hintergrund seiner Auffassung zu verstehen, dass der Mensch sich selbst als freies Wesen epistemisch nicht vollständig transparent ist, dass er also aus der Selbstbeobachtung nicht sicher wissen kann, wie weit seine Fähigkeiten reichen. Vielmehr merken wir, dass wir etwas können, oft erst daran, dass wir es sollen. Kant drückt das so aus, dass das moralische Gesetz in uns, also der kategorische Imperativ, die *ratio cognoscendi* der Freiheit sei, die Freiheit umgekehrt aber die *ratio essendi* des moralischen Gesetzes.[104] Das moralische Gesetz ist der Erkenntnisgrund unserer Freiheit, aber damit es da etwas zu erkennen gibt, muss Freiheit wirklich sein. Sie bleibt somit der Realgrund des moralischen Gesetzes. »Freiheit und unbedingtes praktisches Gesetz weisen also wechselweise auf einander zurück.«[105] Wir können im Theoretischen nicht wissen, ob wir frei sind, aber wir merken es daran, dass wir den kategorischen Imperativ mitsamt seinem psychologischen Pendant des *Gewissens* in uns tragen. Der kategorische Imperativ ist, der Jahrtausendidee der Selbstgesetzgebung der praktischen Vernunft zufolge, kein fremdes Gebot, sondern ein Sollensanspruch, der aus der Natur unseres Willens stammt.

Nun fällt es nicht allen Menschen gleich leicht, diesem Anspruch zu genügen. Auch wenn nach Kant allein psychisch Kranken und kleinen Kindern das Vermögen der freien Willensbestimmung fehlt,[106] kommen auch im nichtpathologischen Bereich die freiheitskonstitutiven Fähigkeiten zweifellos in Abstufungen vor. Es wird deshalb manchem schwerer fallen als anderen, seine Neigungen stets zugunsten moralischen oder rechtstreuen Verhaltens zu frustrieren. Betrachten wir zum Vergleich zunächst körperliche Fähigkeiten: Wenn ein kleines Kind in einen Fluss gefallen ist, ist jeder Augenzeuge moralisch und rechtlich verpflichtet, Hilfe zu leisten, also gegebenenfalls hinterherzuspringen. Diese Hilfspflicht gilt für gute wie für mäßige Schwimmer. Für Nichtschwimmer gilt sie natürlich nicht. Nun fällt es dem Leistungsschwimmer leichter, diese Pflicht zu erfüllen, als dem mittelmäßigen Schwimmer. Letzterer muss sich körperlich mehr anstrengen, um das Gebotene zu tun. Für die moralische und rechtliche Beurteilung macht dieser Unterschied der Anstrengung aber keinen Unterschied: Sofern die Hilfspflicht den Umständen nach zumutbar ist, gilt sie unbedingt.[107]

Was für körperliche Fähigkeiten und Eigenschaften gilt, gilt auch für psychische. Einer aggressiv veranlagten Person wird es schwererfallen als einer sanftmütigen, unter bestimmten Bedingungen keine Kneipenschlägerei zu beginnen. Sie muss sich also mehr anstrengen als andere, um keine Körperverletzung zu begehen. Warum sollte dieser Unterschied die moralische oder rechtliche Beurteilung ändern? Auch das Auffinden physiologischer oder neuronaler Korrelate ändert die Beurteilung nicht, solange die fraglichen Fähigkeitsabstufungen sich im nichtpathologischen Bereich bewegen. Die Entdeckung, dass Aggressionsneigung mit der Aktivität der Amygdala, mit dem Serotoninspiegel oder mit der Konzentration eines anderen Neurotransmitters korreliert ist, erbringt in normativer Hinsicht nichts Neues. Wem eine gebotene Handlung oder Unterlassung aufgrund seiner angeborenen oder erworbenen Dispositionen schwererfällt als anderen, der muss gegebenenfalls trainieren, kompensatorische Gewohnheiten ausbilden oder bestimmte Situationen meiden. Wir erwarten mit Recht voneinander, ungünstigen Dispositionen entgegenzuwirken. Wenn wir dies einander nicht zumuteten, müsste die Gesellschaft beispielsweise nicht erst pädophile Straftäter, sondern schon Menschen mit pädophilen *Neigungen* inhaftieren. Unter Sexualmedizinern ist unumstritten, dass man sich eine pädophile Neigung nicht selbst aussucht und dass sie in den meisten Fällen dauerhaft bestehen bleibt. Für die unbedingte moralische und rechtliche Pflicht, den sexuellen Missbrauch von Kindern zu unterlassen, ist dieser Umstand aber ohne Belang.

Der Schluss von Neigungs- oder Fähigkeitsunterschieden auf den Ausschluss oder auch nur die Abstufung von Verantwortung ist also ein Fehlschluss. Es wäre sehr überraschend, wenn es jedem Menschen exakt gleich leichtfiele, bei passender Gelegenheit auf aggressives Verhalten oder auf eine sexuelle Belästigung zu verzichten. Bestimmte Handlungen oder Unterlassungen fallen manchen schwerer als anderen; moralisch Gehaltvolleres als diese Trivialität lässt sich aus Fähigkeitsunterschieden im nichtpathologischen Bereich nicht ableiten.

Es lässt sich folgende Bilanz ziehen: Der Gesetzgeber tut gut daran, die Schuldminderung an strenge Voraussetzungen zu binden, nämlich an das Vorliegen schwerer psychischer Störungen, die die Einsichts- oder Steuerungsfähigkeit erheblich beeinträchtigen. Er tut auch gut daran, am Prinzip »Keine Strafe ohne Schuld« festzuhalten. Die weitere Frage, ob sich die Schuldzuschreibung auch ohne die Freiheitsannahme im Sinne des So-oder-anders-Könnens rechtfertigen lässt, lässt sich innerhalb der Strafrechtsdogmatik nicht klären. Unsere alltägliche Zurechnungspraxis basiert auf der Annahme des Anderskönnens. Diese Annahme gegen Kritik zu verteidigen bleibt eine genuin philosophische Aufgabe.

Willensfreiheit: Zehn Thesen

Da die dem Leser eingangs versprochenen pointierten Antworten auf die aufgeworfenen Fragen in der bisherigen Darstellung nicht immer eigens markiert waren, sollen sie in diesem Schlusskapitel noch einmal zusammengestellt werden. Ich konzentriere mich dabei auf den Begriff der Willensfreiheit und die Verteidigung eines wohlverstandenen Libertarismus.

(1) *Unsere gewöhnliche vortheoretische Rede über Handlungen und Entscheidungen ist libertarisch imprägniert.*

Bei der libertarischen Freiheitsauffassung handelt es sich nicht eigentlich um eine philosophische Theorie, sondern um eine Alltagsannahme, die in unsere gewöhnliche Rede über Entscheidungen und Handlungen schon eingebaut ist. Wenn wir davon sprechen, dass jemand sich zu einer Handlung entschieden hat, gehen wir davon aus, dass er sich auch anders hätte entscheiden können. Technisch ausgedrückt, scheinen Anderskönnen und Unterlassbarkeit *analytische Komponenten* des Entscheidungs- und des Handlungsbegriffs zu sein. Aristoteles sagt in diesem Sinne: »Wo das Tun in unserer Gewalt ist, da ist es auch das Unterlassen.«[108] Besonders deutlich werden die vorphilosophischen Intuitionen zugunsten des Libertarismus angesichts von Vorwürfen. Wenn wir zu anderen oder zu uns selbst sagen: »Das hättest du nicht tun sollen«, dann unterstellen wir, dass der Person das Unterlassen auch möglich gewesen wäre. Wenn die Person nicht hätte anders handeln können, ohne die Naturgesetze oder die Vergangenheit zu ändern, wäre ein Vorwurf gegenstandslos und überdies unfair.

(2) *Der Freiheitsannahme stehen bei näherer Betrachtung keine Tatsachen entgegen, sondern nur fehlinterpretierte Befunde und unhaltbare philosophische Doktrinen.*

Es kann nicht Aufgabe der Philosophie sein, unsere libertarischen Intuitionen wegzuinterpretieren. Vielmehr sollte sie sich die Frage vorlegen, ob der Annahme des Anderskönnens irgendwelche empirischen oder begrifflichen Tatsachen entgegenstehen. Dass ihr der Determinismus entgegensteht, genügt nicht, denn dieser ist eine spekulative Doktrin, keine Tatsache. Die Frage nach entgegenstehenden Tatsachen kommt einer Beweislastverschiebung gleich. Statt die in der philosophischen Debatte verbreitete Frage anzugehen, wie libertarische Freiheit bloß möglich sei, gehe ich von dem Umstand aus, dass wir sie einander im Regelfall unterstellen. In einem zweiten Schritt gilt es, Einwände gegen die Berechtigung dieser Unterstellung zu entkräften. Die einschlägigsten Einwände sind der harte (also inkompatibilistische) Determinismus, die konditionale Analyse des Könnens, das Zufallsproblem sowie angeblich freiheitsunverträgliche Befunde der neueren Hirnforschung. Sollten die Einwände beantwortet werden können, spricht nichts mehr dagegen, unsere libertarischen Alltagsintuitionen für bare Münze zu nehmen – und genau das zu tun schlage ich vor. Die These lautet also, dass wir nicht nur geborene Libertarier sind, sondern es auch bleiben können, da ein wohlverstandener Libertarismus sowohl mit den empirischen Befunden vereinbar ist als auch gegen die einschlägigen philosophischen Einwände verteidigt werden kann.

(3) *Dass der menschliche Wille frei sei, bedeutet vernünftigerweise, dass Menschen bestimmte Fähigkeiten haben.*

Die Rede vom freien oder unfreien Willen ist für eine Klärung des Freiheitsproblems wenig hilfreich. Sie lässt nicht einmal erkennen, wem oder was da die Eigenschaft zukommen soll, frei zu sein. Wenn der Wille ein Vermögen ist, kann er nicht im Wortsinne »frei« genannt werden, im Unterschied zur Ausübung des Vermögens und zu dessen Träger. Den menschlichen Willen frei zu nennen versteht man vernünftigerweise als eine anthropologisch gehaltvolle Aussage über menschliche Fähigkeiten.

Der Freiheitsbegriff selbst hat einen positiven und einen negativen Aspekt. Als negative Freiheit wird die Freiheit *von* etwas bezeichnet, typischerweise von Hinderungen, als positive Freiheit die Freiheit *zu* etwas. Entsprechend hat eine philosophische Freiheitslehre einen positiven und einen negativen Teil. Im positiven Teil wird das komplexe Vermögen der Willensbildung genauer charakterisiert. Der negative Teil handelt von den Hindernissen, denen die Ausübung dieses Vermögens ausgesetzt ist. Während die Handlungsfreiheit, also die Freiheit, zu tun, was man will, durch äußere Hinderungen und Zwänge beeinträchtigt wird, sind die Faktoren, die die Willensfreiheit einschränken oder aufheben können, von anderer Art.

(4) *Willensfreiheit ist die Fähigkeit zur hindernisüberwindenden Willensbildung.*

Nach Schopenhauer kann der Mensch tun, was er will, nicht aber wollen, was er will. Die Rede von der Fähigkeit, anderes zu wollen, als man tatsächlich will, ergibt nur einen guten Sinn, wenn man sie dynamisch interpretiert: Gemeint ist vernünftigerweise nicht die Fähigkeit, seine gegenwärtigen Antriebe und Wünsche anders sein zu lassen, als sie tatsächlich sind, denn dies kann niemand. Für die Willensfreiheit konstitutiv ist die Fähigkeit, innezuhalten, vorhandene Wünsche zu überprüfen und gegebenenfalls davon Abstand zu nehmen, sie in die Tat umzusetzen. Bedenkenlos und ohne Rücksicht auf Verluste den augenblicklichen Neigungen zu folgen gilt nicht als Ausdruck von Freiheit, sondern als irrational. John Locke hat die Fähigkeit des Abstandnehmens als Suspensionsvermögen beschrieben. Nach Kant ist der Mensch fähig, seinen Willen »nicht bloß ohne sinnliche Antriebe, sondern [...] mit Abbruch aller Neigungen« zu bilden.[109] Das deutsche Strafrecht unterstellt bei gesunden Erwachsenen *Steuerungsfähigkeit* und versteht darunter das Vermögen, eine als unrecht erkannte Tat aus Einsicht zu unterlassen. Dieses Vermögen ist bei Kindern noch nicht vollständig ausgebildet und bei psychisch kranken Personen gestört oder sogar verloren, weshalb sie strafrechtlich als schuldunfähig eingestuft werden.

Geringere Beeinträchtigungen wie feste Gewohnheiten, Affekte, Versuchungen oder charakterliche Schwächen heben die Fähigkeit, vernünftig seinen Willen zu bilden, nicht auf, sondern erschweren nur deren Ausübung. Nun dokumentieren sich Fähigkeiten der Selbststeuerung und -beherrschung gerade darin, dass sie unter widrigen Bedingungen ausgeübt werden – eben unter solchen, die Selbstbeherrschung erforderlich machen. Wir erwarten voneinander, unsere freiheitskonstitutiven Vermögen *angesichts* von Erschwernissen auszuüben. Willensfreiheit ist deshalb nicht »hinderungsfreie Willensbildung« (Seebaß), denn ein Vermögen, keinen Hinderungen ausgesetzt zu sein, gibt es nicht. Willensfreiheit ist die Fähigkeit zur hindernis*überwindenden* Willensbildung.

(5) *Eine fähigkeitsbasierte Freiheitsauffassung enthält ein normatives Element. Ob die fragliche Fähigkeit vorhanden ist, ist eine empirische Frage; von der Fähigkeit Gebrauch zu machen ist eine Forderung an den Akteur.*

Fähigkeiten bestehen auch dann, wenn sie gerade nicht ausgeübt werden. In vielen Fällen ist es beispielsweise nicht nötig, bestehende Wünsche zu suspendieren. Deshalb taugt auch die Bemerkung des Psychologen Wilhelm Wundt, Menschen seien in drei Vierteln ihrer Handlungen Automaten, nicht zum Einwand gegen eine libertarische Freiheitsauffassung, verstanden als die anthropologische These, dass Menschen bestimmte freiheitskonstitutive Fähigkeiten besitzen.

Allgemein sagen wir nicht in Anbetracht beliebiger Handlungen zueinander, dass auch eine andere Handlung möglich gewesen wäre. Nur wenn es einen besonderen Anlass dazu gibt, etwa wenn eine Handlung eklatant irrational oder unmoralisch war, sagen wir: »Du hättest anders handeln sollen«, wobei wir das Anders*können* stillschweigend unterstellen. Der pragmatische Sinn der Rede vom Anderskönnen ist in der Regel der eines Vorwurfs. Man tadelt den Akteur, wenn eine andere als die ausgeführte Handlung rational, moralisch oder rechtlich geboten gewesen wäre. Dass er gründlicher nachdenken, klüger abwägen oder sich besser im Zaum hätte halten sollen, ist eine an den Akteur adressierte Forderung. Dieses unaufhebbar normative Element macht es dem Akteur unmöglich, sich auf die Tatsache zu berufen, das habe er nun einmal nicht getan. Auch dem Gesetzgeber ist für die Zurechnung allein wichtig, ob die Einsichts- und die Steuerungsfähigkeit des Täters vorhanden waren. Ihre faktische Ausübung wird nicht empirisch festgestellt, sondern normativ gefordert.

(6) *Wohlverstandene libertarische Freiheit ist keine »tiefere« Freiheit, die zu gewöhnlichen, auch von Kompatibilisten anerkannten Freiheiten noch hinzukäme.*

Kompatibilisten lehnen die Forderung nach offenen alternativen Möglichkeiten ab, halten aber an anderen Freiheitsmerkmalen wie Willentlichkeit, Überlegungszugänglichkeit und Handeln aus Gründen fest. Darauf reagieren viele Libertarier dadurch, dass sie mehrere *Arten* von Freiheit unterscheiden. Sie würdigen die determinismusverträglichen Freiheiten durchaus, behaupten aber darüber hinaus die Existenz einer zusätzlichen Art von Freiheit, die der Kompatibilist nicht rekonstruieren könne.

Diese Linie ist zu defensiv. Libertarier sollten vielmehr argumentieren, dass selbst die vermeintlich anspruchslosen kompatibilistischen Freiheiten die Existenz alternativer Möglichkeiten voraussetzen und deshalb in einer deterministischen Welt nicht existieren würden. Kompatibilisten sprechen weiterhin von *Entscheidungen* und *Handlungen*, von *Personen* als *aktiven Urhebern* ihrer Handlungen, vom *Abwägen von Gründen*, vom Vermögen des *Innehaltens* (Beckermann), von *Steuerungsfähigkeit* (Willaschek), von *personaler Autonomie* (Pauen) und der *Bestimmung des Willens durch das eigene Urteil* (Bieri). Kompatibilisten investieren aber typischerweise zu wenig

Arbeit in die Erklärung, wie die Annahme all dieser Fähigkeiten mit der Annahme vereinbar sein soll, dass seit dem Urknall jedes Detail unseres körperlichen und mentalen Lebens unabänderlich feststeht. Insbesondere bleiben sie eine Antwort auf die Frage schuldig, wie es fair sein kann, einer Person Handlungen vorzuwerfen, die zu unterlassen ihr unter den gegebenen Umständen naturgesetzlich unmöglich war. Allgemein unterschätzen Kompatibilisten das Ausmaß, in dem der universale Determinismus Grundbegriffe und -annahmen unseres gewöhnlichen Selbst- und Weltverständnisses untergräbt. Zu dieser Fehleinschätzung trägt bei, dass viele Kompatibilisten mit einem blassen, unkonturierten Determinismusbegriff arbeiten.

Die verbreitete Frage, welche zusätzliche Freiheit sich für einen Akteur durch den Indeterminismus ergeben soll, ist ungereimt. Sie setzt voraus, dass es in einer deterministischen Welt Akteure, Entscheidungen und Handlungen gibt, die der Libertarier dann noch mit exotischen Zusatzmerkmalen auszustatten versucht. In einer deterministischen Welt gäbe es aber überhaupt keine Akteure, Überlegungen, Entscheidungen, Handlungen und Fähigkeiten, wie wir sie kennen. Unsere gewöhnliche Rede über diese Phänomene ist im Rahmen der selbstverständlichen vortheoretischen Annahmen entstanden, dass die Zukunft offen und beeinflussbar ist, dass praktische Überlegungen ergebnisoffen sind und dass wir im Handeln eine von mehreren Möglichkeiten ergreifen. Wer diese Annahmen zurückzieht, weil er den Weltlauf für alternativlos fixiert hält, sollte besser von Quasientscheidungen, Quasihandlungen, Quasiüberlegungen, Quasifähigkeiten und Quasifreiheit sprechen. Der Kommentar des Libertariers zu den »gewöhnlichen« Freiheiten des Kompatibilisten sollte also lauten, dass *keine* Freiheit, die ihren Namen verdient, mit dem Determinismus vereinbar ist. Alternative Möglichkeiten sind nicht alles, was es für Freiheit braucht, aber ohne alternative Möglichkeiten ist alles nichts.

(7) *Wohlverstandene libertarische Freiheit bedeutet nicht, dass Personen keinerlei Bedingungen unterworfen wären und losgelöst von ihren Wünschen Beliebiges wählen könnten.*

Dass ein freier Wille ein durch nichts bedingter Wille sei, ist eine weit verbreitete Karikatur der libertarischen Freiheit. Libertarier bestreiten aber nicht, dass Menschen stets unter bestimmten Bedingungen entscheiden, sondern dass Anfangsbedingungen und Naturgesetze unsere Entscheidungen *determinieren*, also alternativlos festlegen. Libertarier können ohne Weiteres zugestehen, dass unsere Vorlieben, Einstellungen und Charakterzüge uns in einer bestimmten Richtung *disponieren*, also geneigt machen. Aber erneut: Disponieren heißt nicht determinieren. Unsere motivationalen Einstellungen »machen geneigt, ohne zu nötigen«, wie Leibniz und Anselm von Canterbury sagen.

Weil das Verhältnis zwischen Einstellungen und Entscheidungen kein deterministisches ist, entfällt auch der Grund für die Annahme, wir müssten unsere Einstellungen und unseren Charakter selbst gewählt haben, um in unseren Entscheidungen frei zu sein. Libertarier können einräumen, dass kein Mensch als Tabula rasa auf die Welt kommt. Manche Neigungen mag uns die Natur mitgegeben haben, andere bilden sich in früher Kindheit aus, bevor wir über sie reflektieren können. Entscheidend ist nicht, ob ich mir meine Neigungen selbst ausgesucht habe, sondern dass sie sich nicht mit naturgesetzlicher Notwendigkeit in Verhalten umsetzen. Psychisch gesunde Erwachsene haben die Fähigkeit, innezuhalten, ihre Motive zu überprüfen und sie gegebenenfalls *nicht* handlungswirksam werden zu lassen. Niemand kann alle Bedingungen, unter denen er entscheidet und handelt, selbst wählen. Es wäre deshalb töricht, diese Fähigkeit zu fordern. Willensfreiheit zeigt sich im *vernünftigen Umgang* mit vorfindlichen Kontingenzen, die eigenen Dispositionen eingeschlossen.

(8) *Das Erstauslösermodell des Handelns ist unhaltbar. Handelnde sind keine unbewegten Beweger.*

Viele Freiheitstheoretiker beschreiben den Akteur metaphorisch als »Quelle« oder »Ursprung« seiner Handlungen. Diese Rede ist so lange unproblematisch, wie sie vortheoretisch bleibt und nicht kausal interpretiert wird. Erst wenn das Vermögen, eine Handlung auszuführen, kausal als das Vermögen gedeutet wird, aus dem Nichts eine neue Kausalkette beginnen zu lassen, erheben sich die einschlägigen Einwände: Es scheint dann Energie aus dem Nichts zu entstehen, was die physikalischen Erhaltungssätze und das allgemeine Kausalprinzip verletzen würde. Dass dem Weltlauf ein erster Beweger zugrunde liegen soll, ist schwer genug zu verstehen; dass gleich Scharen davon unterwegs sein sollen, die immerfort neue erste Ursachen in die Welt setzen, würde Naturwissenschaft, und nicht nur die, sehr schwierig machen.

Die kausale Deutung des Ursprungsmodells muss also aufgegeben werden. Dies gilt auch dann, wenn das Anfangen einer Kausalreihe im Sinne der *Akteurskausalität* gedeutet wird, denn diese ist, wie die Diskussion des Datiertheitseinwands gezeigt hat, kausalitätstheoretisch unhaltbar. Vielmehr muss der Umstand, dass Personen Handlungen ausführen, damit vereinbar sein, dass die mit Handlungen einhergehenden Körperbewegungen natürliche Ursachen haben. In der gebotenen Kürze:[110] Menschliche Handlungen gehen mit physiologischen Prozessen und Körperbewegungen einher. Diese Ereignisse haben physische Ursachen und Wirkungen. Manche physischen Ereignisse lassen sich auch in mentalem Vokabular beschreiben, etwa als Wünsche, Überzeugungen und Absichten. Akteure fangen Handlungen an, aber dieses Anfangen ist kein Ingangsetzen von Kausalketten. Kausalketten beginnen und enden nirgends, sondern laufen blind durch uns und unsere Handlungen hindurch, allerdings auf nichtdeterministische Weise.

Die sogenannte *kausale Handlungstheorie* sieht die Sache so: Jedes Mal, wenn wir etwas tun, verursachen vorausgehende mentale, nämlich mental beschreibbare, Ereignisse unsere Körperbewegung. Das schließt nicht aus, dass wir es sind, die die Körperbewegung ausführen. »Ausführen« ist nämlich etwas anderes als »verursachen«. Das Ausführen hat selbst keine kausale Binnenstruktur mehr. Alles, was ein Akteur dazu tut, dass seine Handlung geschieht, geht mit physiologischen Ereignissen schon einher, kann diese also nicht verursachen. Ein Akteur verursacht nicht, was er tut, sondern er tut es eben. Das Moment des Selbsttuns lässt sich nicht mehr begrifflich oder kausal analysieren, denn alles, was jemand dazu beitragen kann, dass seine Tat geschieht, müsste wiederum in Begriffen des Tuns, Vollziehens oder Ausführens beschrieben werden.

Dass wir Handlungen aktiv vollziehen, unterscheidet sie von anderen Naturvorgängen. Personen und ihre Fähigkeiten spielen insofern für ein angemessenes Verständnis von Handlungen eine besondere und nichtreduzierbare Rolle. Diese Besonderheit ist aber keine *kausale* Besonderheit.

Inwiefern kann man eine Auffassung, die zugesteht, dass mentale Ereignisse und Körperbewegungen Ursachen haben, noch libertarisch nennen? Nun, das die libertarische Freiheit definierende Merkmal ist das So-oder-anders-Können unter gegebenen Bedingungen. Mit der kausalen Einbettung unserer Handlungen ist das Anderskönnen genau dann vereinbar, wenn Verursachtsein nicht dasselbe ist wie Determiniertsein. Ein wohlverstandener Libertarismus lässt sich mit einer kausalen Handlungstheorie, die Ereigniskausalität nichtdeterministisch auffasst, kombinieren. Dafür muss man allerdings die Aufgaben des positiven und des negativen Teils einer Freiheitslehre sorgfältig auseinanderhalten.

(9) *Nichtdeterminierte Entscheidungen und Handlungen sind etwas anderes als Zufallsereignisse.*

Der Zufallseinwand gegen libertarische Freiheitsauffassungen besagt, dass eine nichtdeterminierte Entscheidung auch nicht durch den Handelnden determiniert sein könne, mithin zufällig geschehe. Indeterminiertheit vergrößere deshalb unsere Freiheit nicht, sondern unterminiere die Steuerbarkeit von Handlungen und ihre Zurechenbarkeit. Der Zufallseinwand ist sehr ernst zu nehmen, aber er trifft den Libertarier nicht wehrlos. Aus der bereits skizzierten mehrteiligen Antwort auf den Einwand sei hier nur der letzte Schritt in Erinnerung gerufen. Der Kern des zu lösenden Problems ist dieser: Nach libertarischer Auffassung hätte ein Akteur sich unter gleichen Bedingungen, und das heißt doch wohl aufgrund der gleichen Überlegung und mit den gleichen Gründen, anders entscheiden können. Doch wie können Gründe, die für eine bestimmte Handlung sprechen, zugleich auch für eine gegenteilige Handlung sprechen?

Die Antwort des Libertariers sollte lauten, dass die Person sich *nicht* aus den gleichen Gründen zu etwas anderem entschieden hätte, denn das wäre in der Tat irrational gewesen. Die Person hätte sich zu diesem Zeitpunkt aber noch einmal besinnen und weiterüberlegen können. Aufgrund dieser Neubesinnung hätte sie dann möglicherweise anders entschieden. Wenn das So-oder-anders-Können wesentlich ein Weiterüberlegenkönnen ist, muss libertarische Freiheit nicht darin bestehen, beste Gründe in den Wind zu schlagen und das Gegenteil von dem zu tun, was man als richtig eingesehen hat.

Das Weiterüberlegenkönnen ist ein Anderskönnen unter gleichen Bedingungen, denn es müssen dafür weder die Naturgesetze noch die Vorgeschichte der tatsächlichen Handlung geändert werden. Die andere mögliche Handlung wäre etwas später begonnen worden als die tatsächliche, doch diese Abweichung hält die Vorgeschichte der tatsächlichen Handlung konstant, und genau darauf kommt es an. Nun muss noch die Asymmetrie erklärt werden, dass aus denselben Gründen etwas anderes zu tun irrational gewesen wäre, weiterzuüberlegen hingegen nicht. Die Erklärung besteht darin, dass eine Person sich niemals sicher sein kann, dass das, was sie für die besten Gründe hält, auch die besten Gründe sind. Weil sie um diese Lücke weiß, ist es auch aus Sicht der Person im Allgemeinen nicht irrational, ein vorliegendes Überlegungsergebnis noch weiter zu prüfen.

(10) *Die Hirnforschung hat aus eigenen Mitteln nichts Relevantes zum philosophischen Freiheitsproblem beizutragen.*

Das Freiheitsproblem, wenn man denn im Singular davon sprechen möchte, hat begriffliche, metaphysische, normative und empirische Anteile. Mit den ersten dreien beschäftigt sich die Philosophie, mit den Letzteren die empirischen Wissenschaften. In jüngerer Zeit sind verschiedene Forschungsergebnisse der Humanwissenschaften, insbesondere der Hirnforschung und der kognitiven Psychologie, im Sinne einer *empirischen Widerlegung der Willensfreiheit* ausgelegt worden. Diese empirischen Befunde und ihre fragwürdigen Interpretationen sind in dieser Einführung nur am Rande zur Sprache gekommen. Der Grund dafür ist, dass beide in der Einleitung unterschiedenen Freiheitsprobleme, die traditionelle Frage »Freiheit oder Determinismus?« wie das Vereinbarkeitsproblem, philosophische Probleme par excellence sind. Das bedeutet, dass ihre Behandlung wesentlich die Klärung von Argumenten, begrifflichen Zusammenhängen und theoretischen Vorannahmen erfordert. Empirische Befunde spielen hier nur die mittelbare Rolle, bestimmte theoretisch mögliche Lösungen auszuschließen.

Freilich sollte nichts, was Philosophen über die menschliche Freiheit sagen, empirischen Tatsachen widersprechen. Diese Auflage schließt aber nur einige Extrempositionen aus. Einige Teilnehmer der Debatte meinen, dass sie libertarische Positionen ausschließt, aber wir haben gesehen, dass diese Meinung auf Verwechslungen und Fehlzuschreibungen beruht. Dem Libertarismus wird zum Beispiel unterstellt, er behaupte eine Einwirkung einer immateriellen Seele auf die Körperwelt oder das wundersame Vermögen, Naturgesetze zu ändern.

Die einzige Bedrohung für einen fähigkeitsbasierten Libertarismus bestünde darin, dass die angenommenen Fähigkeiten mit dem, was wir über den Aufbau und die Arbeitsweise des menschlichen Gehirns wissen, unvereinbar wären. Dies ist bisher nicht gezeigt worden. Keine Bedrohung wäre die Erkenntnis, dass viele der neuronalen Strukturen und Mechanismen, in denen psychische Fähigkeiten realisiert sind, anders beschaffen sind, als libertarische Philosophen dachten – sofern sie überhaupt etwas darüber dachten. Erst recht stellt es keine Bedrohung für die Willensfreiheit dar, dass in unseren Gehirnen etwas vorgeht, während wir überlegen und entscheiden. Hirnforscher, die libertarischen Philosophen nach wie vor unterstellen, die Willensfreiheit auf den Dualismus zu gründen, kennen schlicht den Diskussionsstand nicht.

Aus der Hirnforschung folgt nichts Interessantes für die zentralen Probleme der philosophischen Freiheitsdebatte. Die Hirnforschung liefert weder neue Argumente für die Wahrheit der Determinismusthese noch solche für oder gegen die Vereinbarkeit von Willensfreiheit und Determinismus. Der Hirnforschung lässt sich nicht entnehmen, ob die Zuschreibung strafrechtlicher Schuld auf der Freiheitsannahme beruht oder nicht, und erst recht klärt sie nicht die Frage, was man vernünftigerweise unter »Willensfreiheit« verstehen sollte. Zudem sind viele Interpretationen der empirischen Befunde mit begrifflichen Verwirrungen behaftet, die auf undurchschauten philosophischen Vorannahmen beruhen.

Dass die genannten Kernprobleme philosophischer Natur sind, bedeutet selbstverständlich nicht, dass nur studierte Philosophen sich an der Debatte beteiligen dürften. Hirnforscher müssen allerdings damit rechnen, dass ihre Einlassungen am erreichten Forschungs- und Diskussionsstand gemessen werden, wie sie es im umgekehrten Fall ja auch erwarten.

Interview: Der »fähigkeitsbasierte Libertarismus«. Fragen an Geert Keil

In der seit einigen Jahren andauernden Diskussion um die Willensfreiheit sind die meisten deutschsprachigen Philosophen dem »Klub der Kompatibilisten« (Ansgar Beckermann) beigetreten. Sie selbst vertreten dagegen einen »fähigkeitsbasierten Libertarismus«. Was ist darunter zu verstehen?

»Libertarisch« nennt man Freiheitsauffassungen, denen zufolge Willensfreiheit existiert und mit dem Determinismus unvereinbar ist. Ich verstehe die Annahme, dass der Mensch einen freien Willen habe, als eine nicht besonders glücklich formulierte anthropologische Aussage über menschliche Fähigkeiten der Willensbildung. Libertarisch ist eine solche fähigkeitsbasierte Freiheitsauffassung, wenn sie annimmt, dass die freiheitskonstitutiven Fähigkeiten »Zwei-Wege-Fähigkeiten« sind, also solche, die in derselben Situation auf mehr als eine Weise ausgeübt werden können. Ein Beispiel dafür ist das Entscheidungsvermögen: Die Fähigkeit, sich zu entscheiden, *ist* keine andere als die, sich in einer gegebenen Situation so oder anders zu entscheiden.

Was hat dieser Ansatz für Vorteile gegenüber kompatibilistischen Positionen?

Kompatibilisten leugnen, dass Menschen überhaupt Zwei-Wege-Vermögen besitzen. Die entsprechenden Redeweisen müssen sie zu bloßen *Façons de parler* erklären und weganalysieren, denn aus dem Determinismus folgt, dass zu keinem Zeitpunkt etwas anderes als das geschehen kann, was tatsächlich geschieht. Wenn ich also anders entschieden hätte, als ich tatsächlich entschieden habe, hätten unter Annahme des Determinismus entweder die Vorgeschichte oder die Naturgesetze anders sein müssen.

Auch unsere normative Praxis des Tadelns und Strafens scheint libertarisch imprägniert zu sein: Wenn wir zu anderen oder zu uns selbst sagen: »Das hättest du nicht tun sollen«, dann unterstellen wir, dass eine andere Entscheidung unter den gegebenen Bedingungen möglich gewesen sei. Wenn die Person nicht anders handeln konnte, scheint jeder Vorwurf gegenstandslos zu sein. Libertarier können diese Redeweisen und Praxen für bare Münze nehmen, Kompatibilisten müssen sie in determinismusverträglicher Weise uminterpretieren.

Ein spezieller Vorteil eines *fähigkeitsbasierten* Libertarismus besteht darin, dass er eine plausible Sortierung der empirischen und der normativen Anteile der Freiheitsdebatte ermöglicht. Die Pointe eines moralischen Vorwurfs besteht häufig darin, dass die Person ihre vorhandenen Fähigkeiten nicht angemessen ausgeübt hat. Hier ist ein Seitenblick auf das Strafrecht hilfreich: Der deutsche Gesetzgeber verneint die Schuldfähigkeit eines Täters, wenn dieser bei Begehung der Tat »unfähig war, das Unrecht der Tat einzusehen oder nach dieser Einsicht zu handeln«. Es geht dem Gesetzgeber allein um den *Besitz* der Einsichts- und der Steuerungsfähigkeit zum Tatzeitpunkt. Ob der Täter seine Fähigkeiten aktualisiert hat, ist für seine Schuldfähigkeit irrelevant, solange sie nur vorhanden waren. Wenn er sie nicht aktualisiert hat, richtet sich der Vorwurf darauf, dass er sie hätte aktualisieren *sollen*. Die faktische Ausübung der Einsichts- und der Steuerungsfähigkeit wird also nicht empirisch festgestellt, sondern normativ gefordert. Das ergibt auch moralphilosophisch und freiheitstheoretisch einen guten Sinn: Die entscheidende Frage ist, ob der Täter nicht anders konnte oder ob er nur nicht anders wollte.

Wie erklären Sie sich, dass libertarische Positionen außerhalb der christlich geprägten Philosophie wenig Vertreter haben? Was ist an dieser Diskussion falsch gelaufen?

Man kann darüber streiten, ob diese Einschätzung noch ganz zutreffend ist, aber zweifellos gibt es in der akademischen Philosophie der Gegenwart mehr Kompatibilisten als Libertarier. Den Hauptgrund sehe ich darin, dass eine Reihe von Mythen darüber in Umlauf sind, was Libertarier tatsächlich behaupten und was nicht. Der Kern des libertarischen Freiheitsbegriffs ist das So-oder-anders-können unter gegebenen Bedingungen, also die Annahme von Zwei-Wege-Vermögen. Dieses definierende Merkmal wird in der jüngeren Freiheitsdebatte mit einer Reihe von Zusatzbehauptungen verknüpft, die dem Libertarier untergeschoben werden, um die Unhaltbarkeit seiner Position zu erweisen.

Ich unterscheide vier dieser Mythen: Dem *Mythos des Dualismus* zufolge leugnen Libertarier, dass Personen und ihre Entscheidungen Teil der natürlichen Welt sind. Dem *Mythos der Unbedingtheit* zufolge nehmen sie an, dass ein freier Wille ein durch nichts bedingter Wille sei. Der *Mythos des ersten Bewegers* besagt, dass Akteure aus dem

Nichts und unter Verletzung von Naturgesetzen Kausalketten in Gang setzen können. Dem *Mythos der lokalen Kausallücke* zufolge muss es für freie Entscheidungen eine spezielle Art von neuronaler Indeterminiertheit geben, also Lücken in einer ansonsten deterministischen Welt, die der freie Wille sich zunutze machen kann. – Um eine Freiheitsauffassung angemessen evaluieren zu können, muss man sie von allen Zusätzen befreien, auf die sie nicht verpflichtet ist. Ich habe in meinem Buch[111] zu zeigen versucht, dass Libertarier keine dieser unplausiblen Thesen vertreten müssen.

Ein zentraler Angriffspunkt ist für Sie der Determinismus. Sie identifizieren diesen aber mit dem metaphysischen Laplace-Determinismus, der kaum mehr vertreten wird, und greifen damit die uninteressanteste Variante des Determinismus an. Üblicherweise verwenden wir den Begriff in dem weniger anspruchsvollen Sinne, dass jedes Ereignis auf eine Ursache zurückgeht, Naturgesetzen folgt und dass es in diesem Sinne »in der Welt deterministisch zugeht« (Gerhard Ernst).

In der Tat wird die Bezeichnung »Determinismus« häufig für schwächere Auffassungen verwendet, was ich für kritikwürdig halte. Ich stimme Ihnen zu, dass der Laplace-Determinismus – also die Auffassung, dass Naturgesetze und Anfangsbedingungen den gesamten Weltlauf alternativlos festlegen – im Alltag irrelevant und in der Physik nicht mehr weltbildprägend ist. Der Grund dafür, das Vereinbarkeitsproblem nach wie vor auf den universalen Determinismus zu beziehen, besteht darin, dass dieser das einzige klare Abgrenzungskriterium zwischen kompatibilistischen und inkompatibilistischen Positionen bildet. Die genannten schwächeren Annahmen – Ereignisse haben Ursachen und fallen unter Naturgesetze, es gibt keine Wunder, alles geht mit rechten Dingen zu – sind auch aus Sicht der meisten Libertarier mit dem So-oder-anders-können vereinbar. Entscheidend ist, ob Naturgesetze und Anfangsbedingungen, wie der universale Determinismus behauptet, das Weltgeschehen vollständig und in jeder Einzelheit festlegen oder ob sie nur *Restriktionen* darstellen, die einige Möglichkeiten verschließen, andere aber offenlassen.

Der nachlässige Umgang mit dem Determinationsvokabular wirkt sich in der Freiheitsdebatte höchst nachteilig aus. Es gibt eine Reihe von ›weichen‹ Kausalverben, die Art und Umfang der Determination im Dunkeln lassen: Bestimmte Faktoren *beeinflussen* oder *bedingen* das Verhalten, Entscheidungen *beruhen auf* neuronalen Prozessen, Gene *prägen* die Persönlichkeit, Bereitschaftspotentiale *führen zu* Handlungen etc. Allen diesen Verben ist gemeinsam, dass sie weniger implizieren als strenge naturgesetzliche Determination, aber offenlassen, *wie viel* weniger. Dieses weiche Kausalidiom ist in Theorien der empirischen Humanwissenschaften allgegenwärtig. Das ist kein Makel; zu beanstanden ist nur, wenn diese weichen Kausalverben mit freiheitswiderlegender Konnotation eingesetzt werden. Diesen rhetorischen Effekt gilt es zu durchschauen: Es wird eine Unverträglichkeit mit der Willensfreiheit suggeriert, ohne dass ein echter Determinismus vertreten würde.

Für eine begründete Stellungnahme zum Vereinbarkeitsproblem kommt es entscheidend darauf an, womit genau die

Freiheit vereinbar oder unvereinbar sein soll. Inkompatibilismus ist die Lehre der Unvereinbarkeit der Willensfreiheit mit dem Determinismus, nicht mehr und nicht weniger.

Sie unternehmen ein rhetorisches Manöver, indem Sie den Determinismus als typisches Philosophenkonstrukt denunzieren, Ihre Ansicht dagegen mit dem Mantel des Alltagsverständnisses dekorieren. Es ist doch aber der genannte Determinismus, der unserer wissenschaftlich vorgeprägten Alltagserfahrung entspricht.

Sie spielen auf meine provokative Bemerkung an, dass niemand, der nicht über den Determinismus in Büchern gelesen hätte, auf die Idee käme, dass seit dem Urknall feststeht, welchen Wortlaut die Tageszeitung von morgen haben wird. Diese Bemerkung bezieht sich natürlich auf den Laplace-Determinismus, nicht auf die genannten schwächeren Alltagsauffassungen. Der »echte« Determinismus ist weder ein Bestandteil unserer Alltagserfahrung noch ein Ergebnis oder eine Voraussetzung naturwissenschaftlicher Forschung. Er ist eine spekulative metaphysische Annahme.

Die Begriffe »Wille« und »Freiheit« sind notorisch unklar und man identifiziert damit Unterschiedliches. Wie verstehen Sie den Willen, »der die Fähigkeit hat, Hindernisse zu überwinden«?

Am Ausdruck »Willensfreiheit« halte ich vornehmlich aus Traditionsgründen fest. Dürfte man noch einmal ganz von vorn anfangen, so sollte man sowohl den »Willen« als auch seine »Freiheit« auf sich beruhen lassen und stattdessen die einschlägigen Fähigkeiten und Hindernisse möglichst genau zu beschreiben suchen. Ein fähigkeitsbasierter Begriff der Willensfreiheit ist der Versuch, das Beste aus dieser Situation zu machen.

Mein Verständnis der Willensfreiheit als Vermögen der hindernisüberwindenden Willensbildung folgt dem Bestreben, den positiven und den negativen Aspekt des Freiheitsbegriffs miteinander zu kombinieren. Als negativer Aspekt wird allgemein die Abwesenheit von Hindernissen verstanden, als positiver das Vorhandensein von Vermögen. Es ist versucht worden, diese beiden Freiheitsaspekte zum Begriff der »hinderungsfreien Willensbildung« (Seebaß) zu kombinieren. Nun gibt es aber kein Vermögen, keinen Hinderungen ausgesetzt zu sein, da dies nicht in unserer Macht steht. Gesucht ist vielmehr ein Vermögen, das wir auch dann noch haben, wenn gewisse Hindernisse vorhanden sind. Wir besitzen kein Vermögen, nicht gehindert zu werden, wohl aber solche, die wir *angesichts* von Hindernissen ausüben können.

Was sind das für Fähigkeiten, die es braucht, um Hindernisse zu überwinden?

Menschen haben die Fähigkeit, ihre Willensbildung auch unter erschwerten Bedingungen zu kontrollieren. John Locke, der ebenfalls einen fähigkeitsbasierten Freiheitsbegriff vertritt, versteht unter Willensfreiheit das Vermögen, bestehende Wünsche zu »suspendieren« und vernünftig zu prüfen, ob man sie in die Tat umsetzen sollte. Die vernünftige Willens- und Absichtsbildung beruht auf dem komplexen Vermögen, Gründe zu erwägen, gute

Gründe zu erkennen und sich von ihnen leiten zu lassen – also darauf, was im Recht »Einsichts- und Steuerungsfähigkeit« heißt. Dass wir solche Fähigkeiten besitzen, nennt Locke eine empirische Tatsache. Ich stimme ihm zu: Menschen sind so beschaffen, dass sich ihre Wünsche, Neigungen und Affekte nicht gleichsam automatisch in Handlungen umsetzen, sondern überlegungszugänglich sind. Die meisten unserer Neigungen und Antriebe haben wir nicht selbst gewählt, doch die Willensbildung und -umsetzung steht bei uns, aristotelisch gesprochen (*eph' hêmin*).

Die genannten Fähigkeiten sind besonders dann gefordert, wenn ihre Ausübung schwerfällt, nämlich angesichts von Versuchungen, Leidenschaften, schlechten Gewohnheiten, Gruppendruck und Ähnlichem. Diese Faktoren »Hindernisse« zu nennen ist insofern missverständlich, als sie keine zusätzlichen Erschwernisse sind, sondern zu den typischen Ausübungsbedingungen der freiheitskonstitutiven Vermögen gehören. Zuschreibungen von Fähigkeiten sind ja stets auf bestimmte Bedingungen bezogen. Beispielsweise zeigt sich die Fähigkeit der Selbstbeherrschung darin, dass sie unter widrigen Bedingungen ausgeübt wird – eben unter solchen, die Selbstbeherrschung erst erforderlich machen. Wer sich nur in der Gewalt hat, wenn die Versuchungen gering sind, den nennen wir gerade nicht selbstbeherrscht.

Diese Fähigkeit, Hindernisse zu überwinden, kann partiell, etwa im Falle geistiger Behinderung durch Hirnstörungen, gestört sein – nicht ganz, aber teilweise. Etwa, dass man mit einer Überlegung beginnt, aber bei komplizierten Sachen plötzlich nicht mehr in der Lage ist, die Überlegung fortzu-

führen, und diese dann abbricht. Kann man Stufen von Freiheit unterscheiden, Stufen, die wir vielleicht in anderer Form auch bei Tieren finden können?

Ja, graduelle Abstufungen sind wie überall in der Philosophie auch in der Freiheitstheorie eine Herausforderung. Die freiheitskonstitutiven Fähigkeiten kommen zweifellos in Abstufungen vor. Sie werden allmählich erworben und können ganz oder teilweise wieder verloren gehen. In unserer moralischen und rechtlichen Zurechnungspraxis unterscheiden wir allerdings ziemlich deutlich zwischen pathologischen und nichtpathologischen Fällen. Dem Aggressiven mag es schwererfallen als dem Sanftmütigen, keine Körperverletzungen zu begehen. Solange ihm aber kein krankhafter Fähigkeitsverlust attestiert wird, verlangt man von ihm schlicht, sich mehr anzustrengen. Unsere Gesellschaft macht die Pflicht zur Rechtstreue nicht davon abhängig, wie schwer es im Einzelfall fällt, ihr nachzukommen. Ungünstig disponierte Menschen müssen sich mehr anstrengen als andere, um irrationale, unmoralische oder strafbare Handlungen zu unterlassen.

Ob man die Abstufbarkeit der freiheitskonstitutiven Fähigkeiten zum Anlass nimmt, Grade von Freiheit anzunehmen, ist eine terminologische Frage. Mir erscheint es wichtiger, die anthropologische Tatsache festzuhalten, dass es für psychisch leidlich Gesunde keine unwiderstehlichen Versuchungen gibt. Anders als etwa für die Fähigkeit des Menschen, ohne Sauerstoff auszukommen, gibt es für seine Fähigkeit, Versuchungen zu widerstehen, keine biologisch vorgegebene Grenze. Wenn genug auf dem Spiel steht, lassen sich auch unterdurchschnittlich ausgeprägte

Steuerungsfähigkeiten stets durch erhöhte Anstrengung kompensieren. Menschen sagen nicht selten: »Ich konnte nicht anders«, wenn sie bloß nicht anders wollten. Darüber hat Kant sich geärgert und das rabiate Gedankenexperiment des Galgentests ersonnen: Wer unter Todesdrohung Versuchungen widerstehen kann, ist offenbar nicht schlechterdings unfähig dazu.

Solange wir es nicht mit pathologischen Fähigkeitsverlusten zu tun haben, genügt es deshalb, statt des Besitzes der Fähigkeit die für ihre Ausübung jeweils erforderliche Anstrengung abzustufen. Dafür spricht auch eine zweite Einsicht Kants: Wir können aus der Selbstkenntnis nicht sicher wissen, wie weit unsere Fähigkeiten reichen. Hingegen wissen wir sehr gut, dass wir normativen Ansprüchen unterliegen. Also können wir zumindest versuchen, ihnen nachzukommen.

Peter Bieri hat gegen den Libertarismus eingewendet, solch eine unbedingte Freiheit mache den Willen anonym, er sei gar nicht mehr der Wille einer einzelnen Person.

Ich stimme Bieri in der Sache zu, dass ein »anonymer« Wille, also eine völlig grundlose, erratische Wahl, keine erstrebenswerte Form von Freiheit ist. Man kann Bieri aber den Vorwurf nicht ersparen, dass auch er sich an einem Mythos abarbeitet. Welcher libertarische Philosoph von Rang hat denn vertreten, dass Willensfreiheit darin *besteht*, völlig grundlos zu entscheiden? (Dass Freiheit diese Möglichkeit *umfassen* mag, steht auf einem anderen Blatt.) In Bieris Buch wird das Phantom der durch nichts bedingten Freiheit nur eloquent heraufbeschworen, nicht aus der philosophischen Freiheitsdebatte entwickelt. Am nächsten kommt der Idee der grundlosen Wahl noch der literarische Topos des *acte gratuit* im französischen Existenzialismus. Diesen Topos halte ich für freiheitstheoretisch überschätzt und für motivationspsychologisch naiv.

Könnte es nicht sein, dass wir zwar der festen Meinung sind, wir hätten frei entschieden und auch die Fähigkeit haben, Hindernisse zu überwinden – der tatsächliche Grund für diese bestimmte Entscheidung uns aber nicht bewusst ist? Und ist dann eine solche Entscheidung immer noch eine freie Entscheidung?

Freilich können Menschen sich gelegentlich Illusionen darüber hingeben, aus welchen Gründen sie entschieden haben. Dieser Umstand ist aber für eine Auffassung ohne Belang, die Willensfreiheit nicht an ein Freiheitsgefühl bindet, geschweige denn an ein unfehlbares, sondern an vorhandene Fähigkeiten. Ein konsequent fähigkeitsbasierter Begriff der Willensfreiheit ändert die freiheitstheoretische Agenda beträchtlich. Dazu gehört, dass Fragen der Psychologie einzelner Entscheidungsprozesse in den Hintergrund treten. Vernünftige Willensbildung besteht in den seltensten Fällen in einer Kette wohlgeformter praktischer Schlüsse. Psychologisch mag der Willensbildungsprozess unordentliche Assoziationsketten einschließen, über die die Philosophie mit eigenen Mitteln wenig sagen kann und über die wir voreinander auch keine Rechenschaft ablegen müssen. Rechtfertigen lassen müssen sich am Ende das Überlegungsergebnis und die handlungswirksame Entscheidung, nicht die einzelnen Stadien des faktischen Überlegungsprozesses.

Sie betonen, dass Freiheit auch darin liegt, dass es einer Person freisteht, jederzeit mit dem Nachdenken aufzuhören und den dann gebildeten Willen in eine Handlung umzusetzen. Wäre es aber nicht auch denkbar, dass eine Willensbildung dann aufhört, wenn ein Gleichgewicht erreicht ist, indem die Gedanken mit den Gefühlen, den Erfahrungen und den Werten der betreffenden Person übereinstimmen?

Menschen brechen Überlegungen an allen möglichen Stellen und aus allen möglichen und unmöglichen Gründen ab. Manchmal entscheidet man voreilig und bereut es später, manchmal zaudert man, bis die Gelegenheit zum Handeln vorbei ist, manchmal überlegt man, bis es sich »richtig anfühlt«. Genau dann zu entscheiden, wenn man mit sich selbst im Reinen ist, bietet leider keine Gewähr dafür, dass man richtig oder klug entscheidet.

Wenn wir von einer Person erwarten, eine Entscheidung überlegt zu treffen, geht es nicht darum, dass sie eine angemessene Zeit brüten soll. Vielmehr erwartet man von ihr, beim Überlegen zu einem prudentiell oder moralisch akzeptablen Ergebnis zu kommen. Wenn ihr dies nicht gelingt, hat sie Vorwürfe zu gewärtigen: Sie hätte besser oder gründlicher überlegen sollen. Sie hätte zum Beispiel einen Gesichtspunkt berücksichtigen sollen, den sie nicht berücksichtigt hat.

Die Rede vom »richtigen« oder »akzeptablen« Ergebnis ist nun unzweifelhaft eine normative. Nicht genügend überlegt zu haben wird dann vorgeworfen, wenn dadurch ein schlechtes Überlegungsergebnis unkorrigiert geblieben ist. Leider ist der Rat, eine Überlegung genau dann zu beenden, wenn man zum richtigen Ergebnis gekommen ist, nicht sonderlich hilfreich. Er erinnert an das Wort von Karl Kraus, in Zweifelsfällen möge man sich für das Richtige entscheiden. In diesem Wort steckt indes eine tiefe Weisheit, nämlich die Einsicht, dass das »richtige« Ergebnis und der »richtige« Zeitpunkt für den Abschluss einer Überlegung sich nicht durch das psychologische Kriterium der Ausräumung eines Zweifels bestimmen lassen. Für die Qualität von Überlegungsergebnissen und Entscheidungen gibt es keinen psychologischen Standard, sondern nur einen normativen.

Wenn wir nochmals auf die Debatte zurückblicken und insbesondere auch auf die Diskussionen zu Ihrem Buch »Willensfreiheit«: Was haben Sie davon gelernt?

Die Zeitschriftensymposien zu dem Buch waren für mich überaus lehrreich. Kollegen haben mich auf Unklarheiten und Argumentationslücken hingewiesen; ich habe mich bemüht, den vielen klugen Einwänden in der überarbeiteten zweiten Auflage Rechnung zu tragen. Sofern wir in der Universitätsphilosophie überhaupt dazu kommen, gegenseitig unsere Bücher zu rezipieren, was leider viel zu selten der Fall ist, finde ich die Debattenkultur in unserem Fach durchaus erfreulich.

Sorgen bereitet mir hingegen, wie wenig es gelingt, außerhalb der Philosophie den Respekt für die Komplexität philosophischer Probleme wachzuhalten. Im kognitions- und neurowissenschaftlich inspirierten Teil der Freiheitsdebatte wird ja seit Jahren öffentlichkeitswirksam behauptet, die Willensfreiheit sei empirisch als Illusion erwiesen.

Dass die Illusionsentlarver sich in Unterschätzung der philosophischen Schwierigkeiten vorwiegend an Zerrbildern abgearbeitet haben, ist allen klar, die näher mit der Problemlage vertraut sind. Dagegen ist außerhalb der Philosophie und leider auch unter Wissenschaftsjournalisten die psychologisierende Einschätzung verbreitet, in der Freiheitsdebatte kämpften von Verlustängsten getriebene Philosophen um ihre Deutungshoheit.

Meine Diagnose ist eine andere: In der Freiheitsdebatte überlagern sich begriffliche, metaphysische, normative und empirische Fragen. Die Wortführer der neurobiologisch inspirierten Freiheitskritik haben in der Regel zu wenig darüber nachgedacht, wie sich die empirischen Fragen zu den nichtempirischen verhalten. Deshalb haben sie kurzschlüssige und zu weitreichende Behauptungen aufgestellt, zum Teil sogar rechtspolitische Forderungen daraus abgeleitet. Würden Philosophen vergleichbar kenntnisarm und lernunwillig mit den Ergebnissen anderer Wissenschaften umgehen, so würden sie zu Recht nicht ernstgenommen.

Was die Rezeption der Debatte in der außerakademischen Öffentlichkeit betrifft, so sollte man sich keinen unrealistischen Erwartungen hingeben. Praktisch relevant ist das Freiheitsthema ja vornehmlich für die Zuschreibung moralischer und rechtlicher Verantwortung. Hier ist bislang nicht zu beobachten, dass Menschen sich in großer Zahl zu hilflosen Opfern ihrer Gehirne und deshalb für ihr Tun nicht verantwortlich erklären. Offenbar ist das lebensweltliche Wissen, dass man Verantwortung nicht auf ungeeignete Instanzen abwälzen kann, durch bunt bebilderte Propaganda nicht so leicht zu korrumpieren. Wir sollten dafür dankbar sein und nicht zusätzlich erwarten, dass jede(r) Bürger/in in der Lage ist, seine/ihre moralischen Praxen und Einstellungen mit guten Argumenten gegen jedwede vermeintlich wissenschaftsgestützte Angriffe zu verteidigen. Das mögen weiterhin die Philosophen übernehmen, die für solche Aufgaben schließlich ausgebildet sind.

Die Fragen stellte Peter Moser.

Erstveröffentlichung in: *Information Philosophie* (2013), H. 1, 24–29.

Anmerkungen

In den Anmerkungen sind nur diejenigen Quellen vollständig angegeben, die nicht in der kommentierten Bibliografie verzeichnet sind.

1 Vgl. Fischer 2007, 44–47 und 71.
2 Vgl. Bieri 2001, 435.
3 Aristoteles, *Nik. Eth.* III, 7, 1113b 6.
4 Immanuel Kant, Rel. B 59 Anm. (Akademie-Ausgabe [AA], Berlin 1902 ff., Bd. VI, 49 f.).
5 »[T]he concept of an action, the ascriptions of actions to an agent, belong to discourse in which ›free will‹ is taken for granted. […] The ›freedom‹ or ›free will‹ of a man consists in the fact that he acts, one could say.« Von Wright 1980, 78 f.
6 Tugendhat 1987, 385.
7 Vgl. Schopenhauer 1839, 542.
8 Leibniz 1710, 283 (§ 51).
9 Kant, *Reflexionen zur Metaphysik*, AA, Bd. XVII, 508 (R 4333).
10 Kant, *Handschriftlicher Nachlaß*, AA, Bd. XVII, 317, R 3865.
11 Kant, *Vorlesungen über Metaphysik*, AA, Bd. XXVIII.1, 255.
12 Vgl. ebd.
13 Seebaß 2006, 212.
14 Vgl. Hobbes 1651, 196 (Pt. II, ch. 21).
15 Vgl. ebd., 196 f.
16 »Die Bestimmung, daß kein äußeres Hindernis eintrete, braucht man nicht weiter hinzuzufügen; denn es hat das Vermögen zu tun nur in der Weise, wie es Vermögen ist, und dies ist es nicht schlechthin, sondern nur unter bestimmten Umständen, wovon auch schon die äußeren Hindernisse mit ausgeschlossen sein müssen […].« (Aristoteles, *Metaphysik* IX 5, 1048a 16–20.)
17 Kant, *Vorlesungen über Metaphysik*, AA, Bd. XXVIII.1, 255.
18 Aristoteles, *Nik. Eth.* III, 1, 1110a.
19 Ludwig Wittgenstein, *Philosophische Untersuchungen* [1953], *Schriften* Bd. 1, Frankfurt a. M. 1960, § 129 und § 89.
20 Tugendhat 2007, 47.
21 Ebd.

22 Laplace 1814, 1 f.
23 Vgl. Popper 1982, 33.
24 Aristoteles, *De Int.* 9, 18b.
25 Cicero, *De fato* 28–29 (1963, 57).
26 Vgl. Jean-Paul Sartre, »Ist der Existenzialismus ein Humanismus?« [1946], in: J.-P. S., *Drei Essays*, Zürich 1980, 16.
27 Zum Überblick vgl. Bobzien 1998 und Ebert 2004.
28 Vgl. Long/Sedley (Hrsg.) (1987), 461 (§ 62).
29 Vgl. Taylor 1992, 58–60.
30 So das Referat der stoischen Lehre bei Alexander v. Aphrodisias, *De fato* 181 f., zit. nach Long/Sedley (Hrsg.) (1987), 465.
31 Referiert bei Cicero, *De fato* 42 (1963, 81).
32 So z. B. von Maximilian Forschner, *Die stoische Ethik*, Darmstadt 1995, 98 ff.
33 Laplace 1814, 1.
34 Bertrand Russell, *Unser Wissen von der Außenwelt* [1914], übers. von W. Rothstock, Leipzig 1926, 302 f.
35 Vgl. Russell 1912, 188.
36 Mill 1843, 473 (= Buch III, Kap. 7, § 1).
37 Laplace 1814, 1 f.
38 Popper 1982, 37.
39 Suppes 1994, 462.
40 Kant, *KrV* B 124 / A 91. Vgl. dazu Keil 2012.
41 Einen Überblick über jüngere Theorien der Kausalität verschafft Hüttemann 2013.
42 Vgl. S. 100–103.
43 Butterfield 1998, 33.
44 Roth 2001, 447.
45 Vgl. dazu Keil 2017, 205–243.
46 Hume 1748, 245/247 (VIII, 1).
47 Aristoteles, *Nik. Eth.* III, 1, 1110a.
48 Vgl. Aristoteles, *De Int.*, Kap. 9.
49 Locke 1690, Bd. 1, 297 (= Buch II, Kap. 21, § 27).
50 Ebd., 315 (§ 47).
51 Ebd., 316 (§ 47).
52 Vgl. ebd., 286 f. (§ 14).

53 Ebd., 318 (§ 50).
54 Hume 1748, 199 (VII, 2).
55 Ebd., 223 (VIII, 1).
56 Ebd., 221 (VIII, 1).
57 Ebd., 213 (VIII, 1).
58 Moore 1912, 154.
59 Strawson 1962, 212.
60 Ebd., 233.
61 Hume 1748, 245/247 (VIII,1).
62 Vgl. Frankfurt 1971.
63 Walter 2016, 375.
64 Vgl. van Inwagen 1983, 16 und 56.
65 Chisholm 1964, 72.
66 Vgl. Bieri 2001, bes. 165 ff.
67 Vgl. Hume 1739, 148 (Buch II, Teil III, Abschn. 2).
68 Roth 2001, 436.
69 Singer 2004, 30 und 63.
70 Prinz 1996, 92.
71 Suppes 1994, 467.
72 Chisholm 1964, 82.
73 Kant, *KrV*, B 478 / A 450.
74 Chisholm 1964, 82.
75 Vgl. Geert Keil, »Making Causal Counterfactuals More Singular, and More Appropriate for Use in Law«, in: B. Kahmen / M. Stepanians (Hrsg.), *Causation and Responsibility: Critical Essays*, Berlin/Boston 2013, 157–189; sowie Keil 2000, 261–300 und 431–457.
76 Kant, *KpV*, A 170 und A 90.
77 Vgl. Kane 1996, 126.
78 Hans Kelsen, *Reine Rechtslehre* [1934], Wien [2]1960, 97.
79 Schlick 1930, 168.
80 Tugendhat 2007, 62.
81 BVerfGE 20, 323 (331) (Entscheidung des Bundesverfassungsgerichts vom 25. Oktober 1966).
82 Hans Welzel, *Das Deutsche Strafrecht. Eine systematische Darstellung*, Berlin [11]1969, 138.

83 Entscheidungen des Bundesgerichtshofs in Strafsachen 2, 194, 200 (Urteil von 1952).
84 Vgl. z. B. Hans-Heinrich Jescheck, *Lehrbuch des Strafrechts. Allgemeiner Teil*, Berlin [4]1988, 368.
85 Claus Roxin, *Strafrecht. Allgemeiner Teil*, Bd. 1, München 2006, 861.
86 Ebd., 860.
87 Merkel 2008, 9.
88 Vgl. Keil 2017, bes. 205–243.
89 Walter 2016, 268.
90 Ebd., 356.
91 In einem berühmten Experiment forderte der Neurophysiologe Benjamin Libet Versuchspersonen auf, zu einem selbst gewählten Zeitpunkt einen Finger zu krümmen, und fand heraus, dass die Bewegung im motorischen Kortex schon vorbereitet wird, bevor die Person meint, die Entscheidung gefällt zu haben. Vgl. Libet 1985.
92 Roth 2004, 78.
93 Roth 2006, 17.
94 Singer 2004, 63.
95 Ebd., 64.
96 Singer 2003, 34.
97 Gerhard Roth, »Es geht ans Eingemachte«, in: *Spektrum der Wissenschaft*, Oktober 2000, 72–75, hier: 75.
98 Roth 2006.
99 Merkel 2008, 126.
100 Ebd., 129.
101 Ebd., 130.
102 Immanuel Kant, *Zum ewigen Frieden* [1795], Weischedel-Werkausgabe, Bd. XI, Frankfurt a. M. 1968, B 71 / A 66.
103 Kant, *KrV*, B 583 / A 555.
104 Vgl. Kant, *KpV*, A 5 Anm.
105 Ebd., A 52.
106 Vgl. Kant, *Vorlesungen über Metaphysik*, AA, Bd. XXVIII.1, 255.
107 Individuelle Unterschiede berücksichtigt man gegebenenfalls bei der Straf*zumessung* innerhalb des gesetzlichen Strafrahmens

für unterlassene Hilfeleistung. – Unter bestimmten Bedingungen (große Kälte, starke Strömung) besteht für den Retter selbst Gefahr für Leib und Leben; von diesen Fällen ist hier nicht die Rede. Rechtlich geboten ist nur die Hilfeleistung, die »den Umständen nach zuzumuten« ist (§ 323 c StGB).

108 Aristoteles, *Nik. Eth.* III, 7, 1113b 6.

109 Kant, *KpV*, A 128.

110 Ich referiere hier den Ertrag des 3. Kapitels meines Buches *Handeln und Verursachen* (Keil 2000, 319–473).

111 Gemeint ist das Buch *Willensfreiheit*, Berlin / New York 2007.

Bibliografie

Einführungen, Überblicksdarstellungen und Textsammlungen

Beebee, Helen: Free Will, New York 2013.
Clarke, Randolph: Libertarian Accounts of Free Will, New York 2003.
Honderich, Ted: A Theory of Determinism, Oxford 1988.
Kane, Robert (Hrsg.): The Oxford Handbook of Free Will, Oxford 2002.
– »Introduction: The Contours of Contemporary Free Will Debates«, in: R. K. (Hrsg.), The Oxford Handbook of Free Will, Oxford 2002, 3–41.
– A Contemporary Introduction to Free Will, Oxford 2005.
Keil, Geert: Willensfreiheit, Berlin/Boston, 3. Aufl. 2017.
McKenna, Michael / Derk Pereboom: Free Will: A Contemporary Introduction, Oxford 2016.
O'Connor, Timothy (Hrsg.): Agents, Causes and Events: Essays on Free Will and Indeterminism, Oxford 1995.
Pfister, Jonas (Hrsg.): Texte zur Freiheit, Stuttgart 2014.
Pink, Thomas: Free Will. A Very Short Introduction, Oxford 2004.
Pothast, Ulrich (Hrsg.): Seminar: Freies Handeln und Determinismus, Frankfurt a. M. 1978.
Seebaß, Gottfried: »Wille/Willensfreiheit«, in: Theologische Realenzyklopädie, Bd. XXXVI, Berlin / New York 2004, 55–73.
– Willensfreiheit und Determinismus, Bd. 1: Die Bedeutung des Willensfreiheitsproblems, Berlin 2007.
Timpe, Kevin / Meghan Griffith / Neil Levy (Hrsg.): The Routledge Companion to Free Will, London 2016.
Watson, Gary (Hrsg.): Free Will, Oxford / New York 1982, 2. Aufl. 2003.

Internetquellen

Der aktuelle Forschungsstand ist gut über das im Netz frei zugängliche englischsprachige Referenzwerk *Stanford Encyclopedia of Philosophy* zu erschließen (http://plato.stanford.edu). Siehe etwa die Artikel »Arguments for Incompatibilism«, »Compatibilism«, »Causal Determinism«, »Fatalism«, »Foreknowledge and Free Will«, »Free Will«, »Incompatibilist Theories of Free Will« und »Laws of Nature«.

Die von Ted Honderich betreute »Determinism and Freedom Philosophy Website« enthält eine Sammlung klassischer und moderner Originaltexte (http://www.ucl.ac.uk/~uctytho/dfwIntroIndex.htm).

Die von Ansgar Beckermann aufgebaute Seite »Willensfreiheit« erläutert Standardpositionen und enthält einen sehr informativen Überblickstext von Beckermann (http://www.philosophieverstaendlich.de/freiheit).

Eine laufend aktualisierte Bibliografie internationaler Forschungsliteratur bietet die Datenbank PhilPapers (https://philpapers.org/browse/free-will).

Klassische Texte

Aristoteles (De Int.): Peri Hermeneias [De Interpretatione], übers. und erläutert von H. Weidemann, Berlin 1994, 3. Aufl. 2014.

– (Nik. Eth.): Nikomachische Ethik, übers. von E. Rolfes, bearb. von G. Bien, Philosophische Schriften, Bd. 3, Hamburg 1995.

Augustinus, Aurelius: Der freie Wille (De libero arbitrio), übers. von C. J. Perl, Paderborn 1972.

Cicero, Marcus Tullius (De fato): De fato – Über das Fatum, lat.-dt., hrsg. von K. Bayer, München 1963.

Descartes, René (Med.): Meditationen über die Grundlagen der Philosophie, mit den sämtlichen Einwänden und Erwiderungen, übers. von A. Buchenau, Hamburg 1994.

Duns Scotus, Johannes: Freiheit, Tugenden und Naturgesetz, lat.-dt., übers. von T. Hoffmann, Freiburg 2012.

Hobbes, Thomas: Leviathan (1651), hrsg. von W. Molesworth, London 1839.

– Hobbes and Bramhall on Liberty and Necessity, hrsg. von V. Chappell, Cambridge 1999.

Hume, David: Ein Traktat über die menschliche Natur (1739), übers. von Th. Lipps, Bd. II, Hamburg 1978.
– An Enquiry Concerning Human Understanding / Eine Untersuchung über den menschlichen Verstand (1748), engl.-dt., übers. von H. Herring / F. Wunderlich, Stuttgart 2016.
Kant, Immanuel (KrV): Kritik der reinen Vernunft (1781/87), Weischedel-Werkausgabe, Bde. III/IV, Frankfurt a. M. 1968.
– (GMS): Grundlegung zur Metaphysik der Sitten (1785), Weischedel-Werkausgabe, Bd. VII, Frankfurt a. M. 1968.
– (KpV): Kritik der praktischen Vernunft (1788), Weischedel-Werkausgabe, Bd. VII, Frankfurt a. M. 1968.
– (Rel.): Die Religion innerhalb der Grenzen der bloßen Vernunft (1793), Weischedel-Werkausgabe, Bd. VIII, Frankfurt a. M. 1968.
Leibniz, Gottfried Wilhelm: Neue Abhandlungen über den menschlichen Verstand (1704/65), übers. von E. Cassirer, Hamburg 1971.
– Die Theodizee (1710), in: G. W. L., Philosophische Schriften, Bd. 2, hrsg. und übers. von H. Herring, Frankfurt a. M. 1996.
Locke, John: Über den menschlichen Verstand (1690), übers. von C. Winckler, Hamburg 2000, Buch II, Kap. 21.
Mill, John Stuart: System der deductiven und inductiven Logik (1843), übers. von J. Schiel, Braunschweig 1877, Bd. I.
Schelling, Friedrich Wilhelm Joseph: Philosophische Untersuchungen über das Wesen der menschlichen Freiheit (1809/34), in: F. W. J. S., Sämtliche Werke, hrsg. von K. F. A. Schelling, Stuttgart 1856–1861, Bd. VII, 331–416.
Schopenhauer, Arthur: Über die Freiheit des menschlichen Willens (1839), in: A. S., Sämtliche Werke, hrsg. von W. Löhneysen, Bd. III, Darmstadt 1962, 519–627.
Spinoza, Baruch: Ethik (1677), lat.-dt., übers. von J. Stern, Stuttgart 1986.
Thomas von Aquin: Summa Theologica (1266–1273), Salzburg/Leipzig 1933 ff., 1. II, Quaestiones 6–17.

Kommentare und Interpretationen zu klassischen Texten

Allison, Henry E.: Kant's Theory of Freedom, Cambridge / New York 1990.

Bobzien, Susanne: Determinism and Freedom in Stoic Philosophy, Oxford 1998.

Bojanowski, Jochen: Kants Theorie der Freiheit. Rekonstruktion und Rehabilitierung, Berlin / New York 2006.

Chappell, Vere: »Locke on Freedom of the Will«, in: G. A. J. Rogers (Hrsg.), Locke's Philosophy: Context and Content, Oxford 1994, 101–121.

Ebert, Theodor: »Die Stoa – Determinismus und Verantwortlichkeit«, in: A. Beckermann / D. Perler (Hrsg.), Klassiker der Philosophie heute, Stuttgart 2004, 59–79.

an der Heiden, Uwe / Helmut Schneider (Hrsg.): Hat der Mensch einen freien Willen? Die Antworten der großen Philosophen, Stuttgart 2007.

Jedan, Christoph: Willensfreiheit bei Aristoteles? Göttingen 2000.

Keil, Geert: »Kann man nichtzeitliche Verursachung verstehen? Kausalitätstheoretische Anmerkungen zu Kants Freiheitsantinomie«, in: M. Brandhorst [u. a.] (Hrsg.), Sind wir Bürger zweier Welten? Freiheit *und* moralische Verantwortung im transzendentalen Idealismus, Hamburg 2012, 223–257.

Lienemann, Béatrice: Aristoteles' Konzeption der Zurechnung, Berlin/Boston 2018.

Long, Arthur A. / David N. Sedley (Hrsg.): Die hellenistischen Philosophen. Texte und Kommentare (1987), übers. von K. Hülser, Stuttgart/Weimar 2000.

Russell, Paul: »Hume on Free Will«, in: Stanford Encyclopedia of Philosophy (http://plato. stanford.edu/entries/hume-freewill/), Version vom 7. 10. 2014.

Sorabji, Richard: Necessity, Cause and Blame. Perspectives on Aristotle's Theory, London 1980.

Steinvorth, Ulrich: Freiheitstheorien in der Philosophie der Neuzeit, Darmstadt 1987, 2. Aufl. 1994.
Weidemann, Hermann: Aristoteles, Peri hermeneias, übers. und erläutert von H. W., Berlin 1994, 223–328 (Kommentar zu Kap. 9).

Determinismus, Kausalität und Naturgesetze

Die hier aufgeführten wissenschafts- und naturphilosophischen Texte behandeln den Zusammenhang von Determinismus, Kausalität und Naturgesetzen ohne Bezug zum Freiheitsproblem.

Beebee, Helen: »The Non-Governing Conception of Laws of Nature«, in: Philosophy and Phenomenological Research 56 (2000), 571–594.
Bishop, Robert C.: »Determinism and Indeterminism«, in: Encyclopedia of Philosophy, Farmington Mills, MI, 2. Aufl. 2006, Bd. 3, 29–35.
Butterfield, Jeremy: »Determinism and Indeterminism«, in: E. Craig (Hrsg.), Routledge Encyclopedia of Philosophy, London / New York 1998, Bd. III, 33–39.
Cartwright, Nancy: How the Laws of Physics Lie, Oxford / New York 1983.
Earman, John: A Primer on Determinism, Dordrecht 1986.
– »Determinism: What We Have Learned and What We Still Don't Know«, in: J. Campbell [u. a.] (Hrsg.), Freedom and Determinism, Cambridge, MA 2004, 21–46.
Hoefer, Carl: »Causal Determinism«, in: Stanford Encyclopedia of Philosophy (http://plato.stanford.edu/entries/determinism-causal/), Version vom 21. 1. 2016.
Hüttemann, Andreas: »Introduction: Determinism in Physics and Biology«, in: A. H. (Hrsg.), Determinism in Physics and Biology, Paderborn 2003, 9–18.
– Ursachen, Berlin/Boston 2013.
Keil, Geert: »How the Ceteris Paribus Laws of Physics Lie«, in: J. Faye [u. a.] (Hrsg.), Nature's Principles, Berlin / Heidelberg / New York 2005, 167–200.

Laplace, Pierre Simon: Philosophischer Versuch über die Wahrscheinlichkeit (1814), hrsg. von R. v. Mises, Leipzig 1932.
Müller, Thomas / Tomasz Placek: »Defining Determinism«, in: British Journal for the Philosophy of Science 69 (2018), [im Erscheinen].
Popper, Karl Raimund: Das offene Universum. Ein Argument für den Indeterminismus (1982), Tübingen 2001.
Russell, Bertrand: »On the Notion of Cause« (1912), in: B. R., Mysticism and Logic, London 1918, 180–208.
Schlesinger, George: »Is Determinism a Vacuous Doctrine?«, in: British Journal for the Philosophy of Science 38 (1987), 339–346.
Werndl, Charlotte: »Determinism and Indeterminism«, in: P. Humphreys (Hrsg.), The Oxford Handbook of Philosophy of Science, Oxford 2016, 212–232.

Positionen

(a) Kompatibilismus

Ayer, Alfred Jules: »Freedom and Necessity«, in: A. J. A., Philosophical Essays, New York 1954, 3–20.
Beckermann, Ansgar: Gehirn, Ich, Freiheit, Paderborn 2008.
Bieri, Peter: Das Handwerk der Freiheit, München/Wien 2001.
Davidson, Donald: »Handlungsfreiheit« (1973), in: D. D., Handlung und Ereignis, Frankfurt a. M. 1985, 99–124.
Dennett, Daniel C.: Ellenbogenfreiheit (1984), Frankfurt a. M. 1986.
– Freedom Evolves, London 2003.
Fischer, John Martin: The Metaphysics of Free Will, Oxford 1994.
– »Compatibilism«, in: J. M. F. [u. a.] (Hrsg.), Four Views on Free Will, Oxford 2007, 44–84.
– / Mark Ravizza: Responsibility and Control, Cambridge 1998.
Frankfurt, Harry: »Alternate Possibilities and Moral Responsibility«, in: Journal of Philosophy 66 (1969), 829–839.
– »Freedom of the Will and the Concept of a Person«, in: Journal of Philosophy 68 (1971), 5–20.

Habermas, Jürgen: »Das Sprachspiel verantwortlicher Urheberschaft und das Problem der Willensfreiheit: Wie lässt sich der epistemische Dualismus mit einem ontologischen Monismus versöhnen?«, in: Deutsche Zeitschrift für Philosophie 54 (2006), 669–707.

Hobart, R. E.: »Free Will as Involving Determination and Inconceivable Without It«, in: Mind 43 (1934), 1–27.

Lohmar, Achim: Moralische Verantwortlichkeit ohne Willensfreiheit, Frankfurt a. M. 2005.

McKenna, Michael: »Compatibilism«, in: Stanford Encyclopedia of Philosophy (http://plato.stanford.edu/entries/compatibilism/), Version vom 25. 2. 2015.

Moore, George Edward: Ethics, London 1912, Auszüge zit. nach: U. Pothast (Hrsg.), Seminar: Freies Handeln und Determinismus, Frankfurt a. M. 1978, 142–156.

Pauen, Michael: Illusion Freiheit? Frankfurt a. M. 2004, 2. Aufl. 2015.

Sartorio, Carolina: Causation and Free Will, Oxford 2016.

Schlick, Moritz: »Wann ist der Mensch verantwortlich?« (Kap. VII aus: M. S., Fragen der Ethik, Wien 1930), zit. nach: U. Pothast (Hrsg.), Seminar: Freies Handeln und Determinismus, Frankfurt a. M. 1978, 157–168.

Strawson, Peter F.: »Freiheit und Übelnehmen« (1962), zit. nach: U. Pothast (Hrsg.), Seminar: Freies Handeln und Determinismus, Frankfurt a. M. 1978, 201–233.

Tugendhat, Ernst: »Der Begriff der Willensfreiheit«, in: K. Cramer [u. a.] (Hrsg.), Theorie der Subjektivität, Frankfurt a. M. 1987, 373–393.

– »Willensfreiheit und Determinismus«, in: K. P. Liessmann (Hrsg.), Die Freiheit des Denkens, Wien 2007, 45–67.

Willaschek, Marcus: »Freiheit als Bedingung für Verantwortung. Ein kurzes Argument für den Kompatibilismus«, in: S. Mischer [u. a.] (Hrsg.), Auf Freigang. Metaphysische und ethische Annäherungen an die menschliche Freiheit, Münster 2003, 199–205.

– »Möglichkeiten und Fähigkeiten. Einige Anmerkungen zu Geert Keils Buch ›Willensfreiheit‹«, in: Deutsche Zeitschrift für Philosophie 57 (2009), 141–148.

(b) Libertarismus

Alvarez, Maria: »Agency and Two-Way Powers«, in: Proceedings of the Aristotelian Society 113 (2013), 101–121.

Chisholm, Roderick M.: »Die menschliche Freiheit und das Selbst« (1964), zit. nach: U. Pothast (Hrsg.), Seminar: Freies Handeln und Determinismus, Frankfurt a. M. 1978, 71–87.

Clarke, Randolph: »Toward a Credible Agent-Causal Account of Free Will«, in: T. O'Connor (Hrsg.), Agents, Causes and Events: Essays on Free Will and Indeterminism, Oxford 1995, 200–215.

– Libertarian Accounts of Free Will, New York 2003.

– »Incompatibilist (Nondeterministic) Theories of Free Will«, in: Stanford Encyclopedia of Philosophy (http://plato.stanford.edu/entries/incompatibilism-theories/), Version vom 16. 2. 2017.

– / Thomas Reed: »Free Will and Agential Powers«, in: D. Shoemaker (Hrsg.), Oxford Studies in Agency and Responsibility, Bd. 3, Oxford 2015, 6–33.

Ekstrom, Laura W.: Free Will. A Philosophical Study, Boulder, CO 2000.

– »Toward a plausible event-causal indeterminist account of free will«, in: Synthèse (2016), DOI = 10.1007/s11229-016-1143-8.

Ginet, Carl: »Libertarianism«, in: M. J. Loux / D. W. Zimmermann (Hrsg.), The Oxford Handbook of Metaphysics, Oxford 2003, 587–612.

Kane, Robert: The Significance of Free Will, Oxford / New York 1996.

– »Two Kinds of Incompatibilism«, in: T. O'Connor (Hrsg.), Agents, Causes and Events, Oxford 1995, 115–150.

Keil, Geert: Willensfreiheit, Berlin/Boston, 3. Aufl. 2017.

O'Connor, Timothy: Persons and Causes. The Metaphysics of Free Will, New York / Oxford 2000.

– »Free Will«, in: Stanford Encyclopedia of Philosophy (http://plato.stanford.edu/entries/freewill/), Version vom 29. 10. 2010.

Rohs, Peter: »Libertarianische Freiheit«, in: S. Mischer [u. a.] (Hrsg.), Auf Freigang. Metaphysische und ethische Annäherungen an die menschliche Freiheit, Münster 2003, 39–60.

– »Freiheit«, in: P. R., Geist und Gegenwart. Entwurf einer analytischen Transzendentalphilosophie, Münster 2016, 143–165.
Seebaß, Gottfried: »Freedom Without Choice?«, in: M. Kühler / N. Jelinek (Hrsg.), Autonomy and the Self, Dordrecht 2013, 3–22.
Steward, Helen: A Metaphysics for Freedom, Oxford 2012.
van Inwagen, Peter: An Essay on Free Will, Oxford 1983.
– Thinking about Free Will, Cambridge 2017.
Wiggins, David: »Towards a Reasonable Libertarianism«, in: T. Honderich (Hrsg.), Essays on Freedom of Action, London 1976, 31–61.

(c) Harter Determinismus, Freiheitsskepsis und Illusionstheorien

Guckes, Barbara: Ist Freiheit eine Illusion? Paderborn 2003.
Honderich, Ted: »Determinism as True, Compatibilism and Incompatibilism as False, and the Real Problem«, in: R. Kane (Hrsg.), The Oxford Handbook of Free Will, Oxford 2002, 461–476.
Levy, Neil: Hard Luck. How Luck Undermines Free Will and Moral Responsibility, Oxford 2011.
Pereboom, Derk: Living Without Free Will, Cambridge 2001.
– »Defending Hard Incompatibilism«, in: Midwest Studies in Philosophy 29 (2005), 228–247.
Smilansky, Saul: Free Will and Illusion, Oxford 2001.
Strawson, Galen: Freedom and Belief, Oxford 1986.
– »The Bounds of Freedom«, in: R. Kane (Hrsg.), The Oxford Handbook of Free Will, Oxford 2002, 441–460.
Wegner, Daniel M.: The Illusion of Conscious Will, Cambridge, MA 2002.

(d) Epistemischer Indeterminismus

MacKay, Donald: »Freiheit des Handelns in einem mechanistischen Universum«; zit. nach: U. Pothast (Hrsg.), Seminar: Freies Handeln und Determinismus, Frankfurt a. M. 1978, 303–321.
Planck, Max: »Vom Wesen der Willensfreiheit« (1936), zit. nach:

U. Pothast (Hrsg.), Seminar: Freies Handeln und Determinismus, Frankfurt a. M. 1978, 272–293.
Walde, Bettina: Willensfreiheit und Hirnforschung. Das Freiheitsmodell des epistemischen Libertarismus, Paderborn 2006.

(e) Fatalismus und logischer Determinismus

Bernstein, Mark: »Fatalism«, in: R. Kane (Hrsg.), The Oxford Handbook of Free Will, Oxford 2002, 65–81.
Fischer, John Martin / Patrick Todd (Hrsg.): Freedom, Fatalism, and Foreknowledge, Oxford 2015.
Ryle, Gilbert: »It was to Be«, in: G. R., Dilemmas, Cambridge 1954, 15–35.
Taylor, Richard: »Fate«, in: R. T., Metaphysics, Englewood Cliffs, NJ, 4. Aufl. 1992, 54–67.
Zagzebski, Linda T.: »Foreknowledge and Free Will«, in: Stanford Encyclopedia of Philosophy (https://plato.stanford.edu/archives/sum2017/entries/free-will-foreknowledge/), Version vom 13. 4. 2017.

Willensfreiheit und Hirnforschung

Beckermann, Ansgar: »Neuronale Determiniertheit und Freiheit«, in: K. Köchy / D. Stederoth (Hrsg.), Willensfreiheit als interdisziplinäres Problem, Freiburg/München 2006, 298–304.
Bennett, Maxwell / Daniel Dennett / Peter Hacker / John Searle: Neurowissenschaft und Philosophie, Berlin 2010.
Falkenburg, Brigitte: Mythos Determinismus. Wieviel erklärt uns die Hirnforschung? Heidelberg 2012.
Fink, Helmut / Rainer Rosenzweig (Hrsg.): Freier Wille – frommer Wunsch? Gehirn und Willensfreiheit, Paderborn 2006.
Geyer, Christian (Hrsg.): Hirnforschung und Willensfreiheit. Zur Deutung der neuesten Experimente, Frankfurt a. M. 2004.
Goschke, Thomas: »Der bedingte Wille: Willensfreiheit und Selbst-

steuerung aus der Sicht der kognitiven Neurowissenschaft«, in: K.-J. Grün / G. Roth (Hrsg.), Das Gehirn und seine Freiheit, Göttingen 2006, 107–156.

Keil, Geert: »Ich und mein Gehirn: Wer steuert wen? Das Geist-Körper-Problem und die Hirnforschung«, in: H. Schnädelbach [u. a.] (Hrsg.), Was können wir wissen, was sollen wir tun? Reinbek 2009, 126–146.

Libet, Benjamin: »Unconscious Cerebral Initiative and the Role of Unconscious Will on Voluntary Action«, in: Behavioral and Brain Sciences 8 (1985), 529–567.

– »Do We Have Free Will?«, in: Journal of Consciousness Studies 6 (1999), Nr. 8–9, 47–57.

– Mind Time. Wie das Gehirn Bewusstsein produziert, Frankfurt a. M. 2005.

Mele, Alfred R.: Effective Intentions. The Power of Conscious Will, Oxford 2009.

– Free. Why Science Hasn't Disproved Free Will, Oxford 2014.

– Willensfreiheit und Wissenschaft. Ein Dialog, Berlin 2017.

Prinz, Wolfgang: »Freiheit oder Wissenschaft?«, in: M. von Cranach / K. Foppa (Hrsg.), Freiheit des Entscheidens und des Handelns, Heidelberg 1996, 86–103.

– »Kritik des freien Willens. Psychologische Bemerkungen«, in: Psychologische Rundschau 55 (2004), 198–206.

Rosenthal, David: »The Timing of Conscious States«, in: Consciousness and Cognition 11 (2002), 215–220.

Roth, Gerhard: Fühlen, Denken, Handeln. Wie das Gehirn unser Verhalten steuert, Frankfurt a. M. 2001.

– »Worüber dürfen Hirnforscher reden – und in welcher Weise?«, in: C. Geyer (Hrsg.), Hirnforschung und Willensfreiheit, Frankfurt a. M. 2004, 66–85.

Searle, John R.: Freiheit und Neurobiologie, Frankfurt a. M. 2004.

Singer, Wolf: Ein neues Menschenbild? Gespräche über Hirnforschung, Frankfurt a. M. 2003.

– »Verschaltungen legen uns fest: Wir sollten aufhören, von Freiheit zu sprechen«, in: C. Geyer (Hrsg.), Hirnforschung und Willensfreiheit, Frankfurt a. M. 2004, 30–65.

Walde, Bettina: Willensfreiheit und Hirnforschung. Das Freiheitsmodell des epistemischen Libertarismus, Paderborn 2006.
Walter, Henrik: Neurophilosophie der Willensfreiheit, Paderborn 1999.
Walter, Sven: Illusion freier Wille? Grenzen einer empirischen Annäherung an ein philosophisches Problem, Stuttgart 2016.

Willensfreiheit und Schuldfähigkeit im Strafrecht

Burkhardt, Björn: »Freiheitsbewußtsein und strafrechtliche Schuld«, in: A. Eser [u. a.] (Hrsg.), Festschrift für Th. Lenckner, München 1998, 3–24.
Kröber, Hans-Ludwig: »Steuerungsfähigkeit und Willensfreiheit aus psychiatrischer Sicht«, in: H.-L. K. [u. a.] (Hrsg.), Handbuch der Forensischen Psychiatrie, Darmstadt 2007, 159–218.
Lampe, Ernst-Joachim / Michael Pauen / Gerhard Roth (Hrsg.): Willensfreiheit und rechtliche Ordnung, Frankfurt a. M. 2008.
Merkel, Reinhard: Willensfreiheit und rechtliche Schuld, Baden-Baden 2008, 2. Aufl. 2014.
Roth, Gerhard: »Willensfreiheit und Schuldfähigkeit aus Sicht der Hirnforschung«, in: G. R. / K.-J. Grün (Hrsg.), Das Gehirn und seine Freiheit, Göttingen 2006, 9–27.
Stompe, Thomas / Hans Schanda (Hrsg.): Der freie Wille und die Schuldfähigkeit in Recht, Psychiatrie und Neurowissenschaften, Berlin 2010.
Walter, Henrik: »Sind wir alle vermindert schuldfähig? Zur Neurophilosophie der Verantwortlichkeit«, in: S. Barton (Hrsg.), »… weil er für die Allgemeinheit gefährlich ist!« Prognosegutachten, Neurobiologie, Sicherungsverwahrung, Baden-Baden 2006, 309–334.
Willaschek, Marcus: »Der Begriff der Willensfreiheit im deutschen Strafrecht«, in: C. F. Gethmann (Hrsg.), Lebenswelt und Wissenschaft, Hamburg 2011, 1185–1203.

Weitere Forschungsliteratur

Austin, John L.: »›Falls‹ und ›Können‹« (1956), zit. nach: U. Pothast (Hrsg.), Seminar: Freies Handeln und Determinismus, Frankfurt a. M. 1978, 169–200.

Balaguer, Mark: Free Will as an Open Scientific Problem, Cambridge, MA 2009.

Keil, Geert: Handeln und Verursachen, Frankfurt a. M. 2000.

– »Wie fängt (man) eine Handlung an?«, in: A. S. Spann / D. Wehinger (Hrsg.), Vermögen und Handlung, Münster 2014, 135–157.

Mayr, Erasmus: Understanding Human Agency, Oxford 2011.

Mele, Alfred R.: Free Will and Luck, Oxford 2006.

Nida-Rümelin, Julian: Über menschliche Freiheit, Stuttgart 2005.

Pothast, Ulrich: Die Unzulänglichkeit der Freiheitsbeweise, Frankfurt a. M. 1987.

Rosenthal, Jacob: Entscheidung, Rationalität und Determinismus, Berlin/Boston 2017.

Seebaß, Gottfried: Handlung und Freiheit. Philosophische Aufsätze, Tübingen 2006.

Suppes, Patrick: »Voluntary Motion, Biological Computation, and Free Will«, in: Midwest Studies in Philosophy 19 (1994), 452–467.

Vihvelin, Kadri: Causes, Laws, and Free Will: Why Determinism Doesn't Matter, Oxford / New York 2013.

Wolf, Susan: Freedom Within Reason, Oxford 1990.

Wright, Georg Henrik von: »Freedom and Determination«, in: Acta Philosophica Fennica 31 (1980), 5–88.

Schlüsselbegriffe

Akteurskausalität Besondere Art von Kausalität, bei der Personen im Wortsinne Ursachen sind. Wenn Handlungen durch Personen verursacht werden, sind sie nicht durch Ereignisse verursacht.

Determinismus Lehre, dass der gesamte Weltlauf durch Naturgesetze und Anfangsbedingungen (alternativ: durch Gott oder durch das Schicksal) ein für alle Mal festgelegt ist.

Fatalismus Auffassung, dass jede Anstrengung zwecklos ist, weil die Zukunft durch das Schicksal (lat. *fatum*) schon festgelegt ist.

Gesetzesskepsis Wissenschaftstheoretische Auffassung, der zufolge es keine uneingeschränkt wahren *Immer-wenn-dann*-Sätze über empirische Regularitäten gibt. Alle Kandidaten für ausnahmslose Kausalgesetze würden durch Gegenbeispiele falsifiziert.

Handlungsfreiheit Freiheit, zu tun, was man will, das heißt, nicht an der Verwirklichung seines Willens gehindert zu werden.

Indeterminismus Verneinung des Determinismus.

Inkompatibilismus Lehre der Unvereinbarkeit von Willensfreiheit und Determinismus.

Kausalprinzip Prinzip, dass jedes Ereignis eine Ursache hat.

Kompatibilismus Lehre der Vereinbarkeit von Willensfreiheit und Determinismus. Der *deterministische* Kompatibilismus hält den Determinismus für wahr, der *agnostische* oder *Zwei-Wege*-Kompatibilismus hält es für irrelevant, ob der Determinismus wahr ist.

Konditionale Analyse des Könnens Meint die von Moore vertretene Auffassung, dass »Er hätte anders handeln können« nichts anderes bedeute als »Er hätte anders gehandelt, wenn er sich dazu entschieden hätte«. Dieses Verständnis des Anderskönnens ist mit dem Determinismus vereinbar und wird zur Stützung des Kompatibilismus verwendet.

Konsequenzargument Argument, bei dem aus der Prämisse, dass unsere Handlungen aus Naturgesetzen und vergangenen Ereignissen folgen, und der weiteren Prämisse, dass wir weder die Naturgesetze noch die Vergangenheit ändern können, geschlossen wird, dass auch unsere Handlungen nicht in unserer Macht stehen. Das Konsequenzargument ist ein Argument für den Inkompatibilismus und wird sowohl von Libertariern als auch von harten Deterministen verwendet. Der harte Determinist akzeptiert die Konklusion, der Libertarier lehnt den in der ersten Prämisse angenommenen Determinismus und deshalb auch die Konklusion ab.

Laplacescher Dämon Vom französischen Mathematiker Laplace (1814) angestelltes Gedankenexperiment: Wenn der Determinismus wahr ist, kann ein superintelligentes Wesen, das einen Momentanzustand des Universums und alle Naturgesetze kennt und eine gigantische Rechenkapazität besitzt, die Zukunft mit beliebiger Genauigkeit vorausberechnen.

Libertarismus (auch Libertarianismus) Die libertarische Freiheitsauffassung ist eine Verbindung mehrerer Teilthesen: (a) Determinismus und Willensfreiheit sind unvereinbar, (b) der menschliche Wille ist frei, (c) der Determinismus ist falsch. Unter »Willensfreiheit« versteht der Libertarier das Vermögen, unter gegebenen Bedingungen so oder anders zu entscheiden.

Logischer Determinismus Auffassung, dass die Zukunft allein dadurch feststeht, dass Aussagen über zukünftig Geschehendes jetzt schon einen Wahrheitswert haben.

Positive und negative Freiheit Negative Freiheit ist die Freiheit *von* etwas, beispielsweise von Hinderungen, Zwängen oder »bestimmenden Ursachen« (Kant). Positive Freiheit ist die Freiheit *zu* etwas, also genau genommen ein Vermögen. (Die Erläuterung orientiert sich an Kant. Isaiah Berlins einflussreiche Erläuterung von »positiver Freiheit« weicht deutlich davon ab.)

Psychologischer Determinismus Auffassung, dass Entscheidungen und Handlungen durch gegenwärtige Motive und den Charakter der Person festgelegt sind.

Schuldprinzip (inkl. Schuldfähigkeit, -minderung, -ausschluss) Strafrechtliches Prinzip, dem zufolge eine Bestrafung ohne persönliche Schuld unzulässig ist (*nulla poena sine culpa*). *Schuldfähig* ist nach dem deutschen Strafrecht ein Täter, der bei Begehung der Tat einsichts- und steuerungsfähig war. War diese Fähigkeit gemindert oder verloren, ist entsprechend die Schuld gemindert oder ausgeschlossen (§§ 20–21 StGB).

Suspensionsvermögen Von John Locke beschriebenes Vermögen, vor der Umsetzung eines Wunsches innezuhalten und noch einmal sorgfältig zu prüfen, was zu tun alles in allem das Beste ist.

Theologischer Determinismus Auffassung, dass der gesamte Weltlauf durch Gottes Willen oder Befehl vorherbestimmt ist (auch »Prädestinationslehre« genannt).

Willensfreiheit Es gibt keine allgemein akzeptierte Definition der Willensfreiheit. In diesem Buch wird unter Willensfreiheit die Fähigkeit zur hindernisüberwindenden Willensbildung verstanden, welche ein So-oder-anders-Können unter gegebenen Bedingungen erfordert.

Zufallseinwand Einwand gegen die libertarische Freiheitsauffassung: Eine indeterminierte Wahl könne auch nicht vom Handelnden bestimmt sein und wäre deshalb von einem Zufallsereignis ununterscheidbar. Eine bloß zufällig geschehende Wahl wäre unerklärlich und irrational, was ihre Zurechnung ausschlösse.

Chronik

Antike

Die antike griechische Philosophie hat kein eigenes Wort, das sich mit »Willensfreiheit« übersetzen ließe. Für Platon (427–347 v. Chr.) obliegt es dem vernünftigen Seelenteil, die Begierden im Zaum zu halten; diese Auffassung würde durch eine freiheitstheoretische Reformulierung nur verzerrt. Aristoteles (384–322 v. Chr.) entwirft im dritten Buch seiner *Nikomachischen Ethik* eine Handlungstheorie und Zurechnungslehre, die das überlegte Streben nach dem, was in unserer Macht steht (*prohairesis*), in den Mittelpunkt stellt. Unfreiwillig ist für Aristoteles, was aus Zwang oder Unwissenheit geschieht. Dies ist aber in moderner Terminologie eher eine Bemerkung zur Handlungs- als zur Willensfreiheit.

Die Stoiker (ca. 300 v. Chr. – 200 n. Chr.) lehren, dass in der Natur alles »durch das Fatum« oder »aus Notwendigkeit« geschieht. Der stoische Weise lehnt sich nicht gegen das Unabänderliche auf und lebt im Einklang mit der Natur. Zugleich bedarf es aber nach Chrysipp stets noch der Zustimmung des Menschen zu seinem Handlungsimpuls. Mit der Frage, wie dieses Vermögen der Zustimmung mit der Lehre von der Notwendigkeit zusammenpasst, setzt die stoische Philosophie das Vereinbarkeitsproblem auf die Tagesordnung.

Spätantike und Mittelalter

In der Spätantike geben Augustinus (354–430) und Boëthius (480–524) dem Vereinbarkeitsproblem eine theologische Wendung. Diskutiert wird nun die Frage, wie die Willensfreiheit mit der christlichen Lehre von Gottes Allwissen und Allmacht zusammenpasst. Wenn Gott vorab weiß, wie wir uns entscheiden werden, wie kann dann die Entscheidung und insbesondere die Verantwortung für unsere bösen Taten bei uns liegen? Einige Philosophen bestreiten schlicht die Willensfreiheit, während Boëthius eine subtile Vereinbarkeitslösung vorschlägt, die die Diskussion auf Jahrhunderte bestimmt. Wichtige weitere Beiträge zu dieser Debatte stammen von Anselm von Canterbury (11. Jh.), Bonaventura, Duns Scotus, Thomas von Aquin, Heinrich von Gent (13. Jh.), Wilhelm von Ockham (14. Jh.) und Lorenzo Valla (15. Jh.).

Weiterhin wird in der Scholastik die Frage diskutiert, wie sich Wille und Verstand zueinander verhalten: Nach der »intellektualistischen« Auffassung (Thomas von Aquin, später Leibniz) wählt der Wille notwendig, was der Intellekt als gut erkennt, während »Voluntaristen« (Duns Scotus, Heinrich von Gent, später Descartes) dem Willen, um dessen Freiheit zu gewährleisten, eine Unabhängigkeit vom Intellekt zuerkennen.

Frühe Neuzeit: Rationalismus

Im 16. Jahrhundert setzen die spanischen Neuscholastiker Molina und Suárez den Streit um die Prädestinationslehre fort. Im 17. Jahrhundert verlieren die theologischen Aspekte des Freiheitsproblems allmählich an Bedeutung. An die Stelle der göttlichen Vorherbestimmung treten – im Empirismus stärker als im Rationalismus – Annahmen über die naturgesetzliche Determination des Weltlaufs. René Descartes (1596–1650) bestimmt den Willen als das Vermögen der Ja/Nein-Stellungnahme zu einer gegebenen Handlungsoption. Er vertritt eine Indifferenzauffassung der Freiheit, der zufolge man selbst den besten Gründen für eine Handlung seine Zustimmung verweigern und sich für das Gegenteil entscheiden kann. Folgenreich ist Descartes' dualistische Bestimmung des Verhältnisses von Geist und Körper. Obwohl der Geist als denkende Substanz nicht der Körperwelt angehört, kann er kausal auf sie einwirken.

Für Baruch de Spinoza (1632–1677) ist die Indifferenzfreiheit eine Illusion. Der Mensch ist Teil der Natur und hält seinen Willen nur deshalb für frei, weil er dessen Ursachen nicht kennt. Spinozas eigenem Freiheitsbegriff zufolge ist der Mensch frei, wenn er seine Affekte beherrscht und sich von der Vernunft leiten lässt. Gottfried Wilhelm Leibniz (1646–1716) war nach heutiger Terminologie Kompatibilist. Da nichts ohne zureichenden Grund geschieht, kann es auch keine grundlose Wahl geben. Situationen mit völlig gleichwertigen Optionen wie bei Buridans Esel sind in der wirklichen Welt unmöglich. Indifferenzfreiheit ist illusionär und auch nicht erstrebenswert, denn die wahre Freiheit besteht darin, vernünftigen Gründen zu folgen.

Frühe Neuzeit: Empirismus

Thomas Hobbes (1588–1679) war Materialist, Mechanist und Determinist. Den Menschen fasst er als Teil der Körperwelt auf, in der es nur mechanische Ursachen gibt. Naturgesetze machen alles Geschehen notwendig, so auch das menschliche Wollen. Frei nennt Hobbes denjenigen, der nicht daran gehindert wird, seinen Willen in die Tat umzusetzen. Damit beschränkt er die Freiheit auf die kompatibilistisch aufgefasste Handlungsfreiheit. Der Bischof John Bramhall hält Hobbes entgegen, die kompatibilistische Freiheit sei nicht die »wahre«, die die Grundlage für Moral und Religion bildet.

John Locke (1632–1704), der erste Hauptvertreter des britischen Empirismus, gilt ebenfalls als Kompatibilist. Seinen Determinismus begründet er allerdings nicht physikalisch, sondern psychologisch: Menschen streben nach Lust, wobei das jeweils drängendste Unbehagen das Handeln bestimmt. Zusätzlich nimmt Locke ein Vermögen an, bei der Verfolgung eines Wunsches innezuhalten und die Ausführung von einer vernünftigen Prüfung abhängig zu machen. An dieses Suspensionsvermögen knüpfen bis heute viele Freiheitstheoretiker an.

18. Jahrhundert: Hume und Kant

David Hume (1711–1776) bringt den Kompatibilismus mit seiner Rede von einem »reconciling project with regard to the question of liberty and necessity« auf den Begriff. Die Notwendigkeit fasst Hume empiristisch, genau genommen sogar psychologisch auf: Wir beobachten in der Natur die regelmäßige Aufeinanderfolge von Phänomenen und bilden dadurch die Gewohnheit, beim Auftreten von *A* auch in Zukunft die Folge *B* zu erwarten. Menschliche Handlungen sind nicht weniger regelmäßig und voraussagbar als andere Naturereignisse. Menschen, deren Entscheidungen nicht durch ihren Charakter bestimmt wären, wären unberechenbar und nicht durch Strafe und Lob zu beeinflussen.

Immanuel Kant (1724–1804) verschärft das Vereinbarkeitsproblem zur »Freiheitsantinomie«: In der empirischen Welt fallen alle Ereignisse, also auch Handlungen, unter deterministische Kausalgesetze. Zugleich nehmen wir an, dass wir Handlungen »von selbst anfangen« können. Kant löst den Widerspruch auf, indem er der Naturkausalität eine zweite, nichtempirische Art von Kausalität zur Seite stellt: »Kausalität aus Freiheit« bedeutet, dass die Handlungen eines Menschen auf dessen »intelligiblen Charakter« zurückgehen. Die Auflösung der Freiheitsantinomie steht und fällt mit Kants Unterscheidung zwischen Erscheinungswelt und intelligibler Welt. In seiner praktischen Philosophie fügt Kant das Prinzip »Du kannst, weil du sollst« hinzu: Manche Handlungen sind unbedingt geboten, also müssen wir fähig sein, das Gebotene auch gegen unsere Neigungen zu tun. Wir können nicht anders als unter der Idee der Freiheit handeln, auch wenn wir die Freiheit in der theoretischen Philosophie nicht beweisen können.

Von den Philosophen des deutschen Idealismus verfasst allein Friedrich Wilhelm Joseph Schelling (1775–1854) eine eigene Freiheitsschrift; diese enthält hochspekulative Gedanken zum Verhältnis von Gott und Schöpfung und zum Ursprung des Bösen, ist aber nur schwer an die überkommene Debatte über Willensfreiheit und Determinismus anschließbar.

19. Jahrhundert

Im 19. Jahrhundert kommt die Debatte über Willensfreiheit und Determinismus nicht wesentlich voran, weil sich der philosophische Zeitgeist von der Metaphysik abwendet. Karl Marx ist mehr an bürgerlicher und politischer Freiheit interessiert; dasselbe gilt für John Stuart Mill, den Nachzügler unter den britischen Empiristen. Feuerbach und Nietzsche setzen sich metaphysik- und ideologiekritisch mit den Freiheitsbegriffen der idealistischen Philosophie auseinander. Arthur Schopenhauer (1788–1860) vertritt einen psychologischen Determinismus, dem zufolge der Mensch tun kann, nicht hingegen wollen kann, was er will, da sein Charakter und das jeweils vorherrschende Motiv den Willen festlegen.

In der Naturphilosophie werden im 19. Jahrhundert materialistische, mechanistische und deterministische Theorien zu Weltbildern verallgemeinert. Den universalen Determinismus erläutert der Mathematiker Pierre Simon de Laplace (1749–1827) über die Idee der Berechenbarkeit: In einer deterministischen Welt lässt sich die Zukunft im Prinzip mit beliebiger Genauigkeit vorausberechnen (laplacescher Dämon).

20. Jahrhundert

Den Hauptstrang der Freiheitsdebatte im 20. Jahrhundert bildet das Vereinbarkeitsproblem, wobei sowohl im kompatibilistischen als auch im inkompatibilistischen Lager die Positionen und Argumente verfeinert werden. Viele Kompatibilisten berufen sich auf die konditionale Analyse des Könnens von George Edward Moore (1873–1958), der zufolge »Er hätte anders handeln können« nichts anderes bedeutet als »Er hätte anders gehandelt, wenn er sich dazu entschieden hätte«. Peter F. Strawson (1919–2006) argumentiert, dass unsere moralischen Einstellungen zu anderen Personen völlig unabhängig davon sind, ob wir den Determinismus für wahr halten. Damit vertritt er einen *agnostischen* Kompatibilismus, der sich auch in der Strafrechtslehre verbreitet. Harry G. Frankfurt versucht mithilfe eines subtilen Gedankenexperiments zu zeigen, dass wir andere Personen auch dann moralisch verantwortlich machen, wenn sie nicht anders entscheiden konnten. Weitere Kompatibilisten sind Schlick, Ayer, Davidson und Dennett.

Erst im letzten Drittel des Jahrhunderts gewinnen inkompatibilistische Auffassungen wieder an Boden. Harte Deterministen, die die Freiheit bestreiten, sind Honderich und Pereboom. Zu den Libertariern zählen Chisholm, van Inwagen, Ginet, Kane, Clarke, O'Connor und Steward. Viele Libertarier begründen ihre Position durch die Annahme einer zusätzlichen Art von Kausalität: Nicht nur Ereignisse, sondern auch handelnde Personen könnten etwas verursachen (»agent causality«). Dabei wird der Geist-Körper-Dualismus mit wenigen Ausnahmen (Popper und Eccles) abgelehnt.

Seit den 1980er-Jahren werden Befunde der Neurowissenschaften in die Freiheitsdebatte eingeführt. Einige Autoren interpretieren die Experimente von Benjamin Libet (1916–2007) zur willentlichen Handlungssteuerung im Sinne einer empirischen Widerlegung der Willensfreiheit.

Bei Husserl und Heidegger hat der Begriff der Willensfreiheit kein systematisches Gewicht, ebenso wenig in der Kritischen Theorie der Frankfurter Schule. Unter den Strömungen der nichtanalytischen Gegenwartsphilosophie sieht allein der französische Existenzialismus eine prominente Rolle für den Freiheitsbegriff vor. Nach Jean-Paul Sartre (1905–1980) entwirft sich der Mensch als der, der er sein will, wobei er mit allem Vorgegebenen brechen kann: mit Traditionen und Normen, mit religiösen und weltlichen Autoritäten, selbst mit seiner eigenen Vergangenheit. Nur an einem kann er nichts ändern: an seiner radikalen Freiheit. Er ist verurteilt, frei zu sein.

Zum Autor

GEERT KEIL, geboren 1963, ist Professor für Philosophie an der Humboldt-Universität Berlin.

Buchpublikationen u. a.: *Handeln und Verursachen* (2000, 2. Aufl. 2015); *Was können wir wissen, was sollen wir tun?* (Mithrsg., 2009); *Quine* (2011); *Vagueness and Psychiatry* (Mithrsg., 2017); *Willensfreiheit* (2007, 3. Aufl. 2017); *Aristotle's Anthropology* (Mithrsg., 2018).